MARE OCEANUS

ATLÂNTICO – ESPAÇO DE DIÁLOGOS

MARE OCEANUS

ATLÂNTICO – ESPAÇO DE DIÁLOGOS

Maria Manuela Tavares Ribeiro
Coordenação

COLECÇÃO ESTUDOS SOBRE A EUROPA

COORDENAÇÃO
Maria Manuela Tavares Ribeiro

MARE OCEANUS
ATLÂNTICO – ESPAÇO DE DIÁLOGOS

EDITOR
EDIÇÕES ALMEDINA, SA
Avenida Fernão de Magalhães, n.º 584, 5.º Andar
3000-174 Coimbra
Tel.: 239 851 904
Fax: 239 851 901
www.almedina.net
editora@almedina.net

PRÉ-IMPRESSÃO • IMPRESSÃO • ACABAMENTO
G.C. – GRÁFICA DE COIMBRA, LDA.
Palheira – Assafarge
3001-453 Coimbra
producao@graficadecoimbra.pt

Novembro 2007

DEPÓSITO LEGAL
259285/07

Os dados e as opiniões inseridos na presente publicação
são da exclusiva responsabilidade do(s) seu(s) autor(es).

Os originais são sujeitos a apreciação científica por *referees*

Toda a reprodução desta obra, por fotocópia ou outro qualquer processo,
sem prévia autorização escrita do Editor,
é ilícita e passível de procedimento judicial contra o infractor.

Com a colaboração de:

Grupo de Investigação 2 – Portugal, Europa e o Mundo

Com o apoio de:

FCT
Fundação para a Ciência e a Tecnologia
MINISTÉRIO DA CIÊNCIA E DA TECNOLOGIA

Programa Operacional Ciência, Tecnologia, Inovação do Quadro Comunitário de Apoio III

Índice

Maria Manuela Tavares Ribeiro
Introdução 9

Adriano Moreira
A Solidariedade Atlântica 13

Guillermo Á. Pérez Sánchez
*Los países de la Europa central, suroriental, báltica y balcánica.
El nuevo vínculo euroatlántico en el paso de un siglo a otro* 31

Ricardo Martín de la Guardia
*Europa, Estados Unidos y la nueva Agenda Transatlántica ante los
retos internacionales de la década de los noventa* 53

Estêvão de Rezende Martins
A revolução atlântica: fronteira ou traço de união? 77

Rui Cunha Martins
Fronteira e função: o caso europeu 117

Cristina Robalo Cordeiro
Inspirações Atlânticas. A literatura europeia face ao Oceano 129

Maria Manuela Tavares Ribeiro

Introdução

Esta outra margem da Europa – o Atlântico – sugere-nos a indiscutível descontinuidade material que nos conduz a Oeste, à lonjura incomensurável do Oceano. Este mesmo Oceano que pode ser entendido mais com uma articulação, mais com um elo, do que como um limite intransponível. Mas esta extremidade ocidental faz parte de um conjunto mais vasto. E se é um dado adquirido que o Oceano Atlântico é uma margem natural do continente europeu, as hesitações e opiniões dividem-se sempre que se trata de precisar a Leste até onde se estendem os limites da Europa a partir das suas margens oceânicas.

A Ocidente, mesmo se o Atlântico representa uma cesura de cinco mil quilómetros, tal não pôde impedir a Europa de levar longe os seus habitantes e de difundir os seus hábitos, os seus modelos, as suas línguas, as suas técnicas e os seus valores para além desse Oceano – para essas "Europas" de além-mar. Elisée Reclus, na sua obra *Nouvelle géographie universelle, La terre et les hommes. I. L'Europe méridionale* (Paris, 1876), lembra essa mobilidade da Europa nestas palavras: "Afrique, Australie, Amérique méridionale... jouiront des mêmes avantages que l'Europe et deviendront mobiles comme elle, lorsque des routes de commerce, traversant ces pays dans tous les sens, y franchiront fleuves, lacs, deserts, monts et plateaux...".

Todavia, mais do que as fronteiras geográficas, as mais difíceis de definir são as da identidade. Quem se sente Europeu sente-se Ocidental? Ora, como conjugar estas duas identidades em coexistência, a europeia e a atlântica? Pese embora a partilha da maior parte dos valores, esta simbiose identitária entre europeidade e ocidentalidade culturais, entre europeísmo e atlantismo políticos, faz-se diferentemente nas várias partes da Europa.

A definição identitária é, na Europa, um produto de uma história que não atingiu o seu termo, e esta incerteza, criadora de dinâmica territorial, é a base da dialéctica unitária entre os que estão dentro e os que estão fora. Dialéctica entre a necessidade de alargamento e as necessidades de aprofundamento, num tempo em que a Europa tenta definir mais claramente a geografia da sua construção política.

Mare Oceanus. Atlântico — Espaço de Diálogos

A Europa e o Atlântico estão geneticamente ligados. Como tal, a Europa não pode oferecer só tecnologia, burocracia, relações económicas, mas pode abrir um crédito de história e de cultura, o mesmo que gerou o *ethos* europeu. A Europa projecta-se para o Atlântico pela história e pela cultura, o mesmo é dizer, projecta o código genético da civilização ocidental. Assim, o Atlântico, enquanto fronteira marítima terá que ser um ponto de passagem. A "Unidade europeia" foi-se construindo, em simultâneo, com a "Comunidade atlântica". Como sugeriu Paul-Henri Spaak, "nous devrons passer de l'Alliance à la Communauté". Projecto este que, como bem se sabe, não foi pacífico.

A Europa é ainda um espaço a fazer, a Europa é um território que se faz.

Este volume reúne os textos de seis especialistas nacionais e estrangeiros que no Ciclo de Conferências sobre *Mare Oceanus. Atlântico-Espaço de Diálogos* trouxeram ao debate académico questões tão candentes como a solidariedade atlântica, as relações transatlânticas, a revolução atlântica, a união atlântica, o mar como fronteira, inspirações atlânticas. Temas sempre actuais mas também oportunos no âmbito da VIII Semana Cultural da Universidade de Coimbra sob o título *De Mar a Mar*, que teve lugar de 2 a 7 de Março de 2006.

Um agradecimento é devido à Reitoria da Universidade de Coimbra, à Senhora Vice-Reitora, Doutora Cristina Robalo Cordeiro, e ao então Senhor Pró-Reitor para a Cultura, Doutor João Gouveia Monteiro. Aos patrocinadores agradeço o apoio que viabilizou esta iniciativa: Fundação para a Ciência e a Tecnologia, Centro de Estudos Interdisciplinares do Século XX da Universidade de Coimbra (CEIS20), Instituto de História e Teoria das Ideias da Faculdade de Letras da Universidade de Coimbra, *Master in European Studies* "O processo de construção europeia".

Registo com apreço a colaboração das Dr.as Isabel Maria Luciano, Maria do Rosário Azenha e Marlene Taveira, da D. Ângela Lopes e do Senhor Vítor Torres, a todos expresso o meu agradecimento.

À Almedina e à equipa editorial testemunho o meu reconhecimento pela publicação deste livro.

Esta obra deve-se ao inestimável contributo dos seus colaboradores. Por isso lhes fico muito grata.

Maria Manuela Tavares Ribeiro
Coimbra, 19 de Agosto de 2007

Adriano Moreira

A Solidariedade Atlântica

Professor Emérito da Universidade Técnica de Lisboa

Adriano Moreira é Professor da Universidade Católica Portuguesa e Professor Emérito da Universidade Técnica de Lisboa. É autor, entre outras, das seguintes publicações: *Ciência Política*, Coimbra, 2003, *A Europa em Formação*, 4.ª ed., Lisboa, UTL/ISCSP, 2004, *Teoria das Relações Internacionais*, Coimbra, 2005.

A Solidariedade Atlântica

1. O tema da solidariedade atlântica teve início com a independência das antigas colónias estabelecidas no continente americano pelas soberanias da frente marítima europeia, e tem a *Declaration of Independence* de 1776, especialmente devida a Jefferson, como linha divisória das identidades políticas de ambas as margens do oceano.

Assim como Alexis de Tocqueville foi o primeiro observador das especificidades da sociedade civil americana em formação (1835), sem negar os valores de referência transportados da Europa pelos imigrantes, fora Adam Smith quem identificara a Europa, do ponto de vista imperial, como sendo uma unidade (1776) no relacionamento com o resto do mundo colonizado.

A ruptura política definida por Jefferson (1743-1826), tendo como elemento de partida a *Virginia Declaration of Rights* (1776), opunha ao legitimismo europeu do Congresso de Viena (1815) o direito à revolta e uma democracia baseada no sufrágio universal, com divisão equilibrada de poderes, federal, republicana, com duas câmaras, declaração de direitos, um supremo tribunal e um presidente.

Mas assim como a sociedade civil se moldava a partir dos valores europeus, o poder político norte-americano assumiu o modelo europeu do soberanismo com a doutrina de Monroe (1823) excluente da presença soberana europeia no continente, proclamou o *Destino Manifesto* que levou a soberania do Atlântico ao Pacífico, e assumiu o Directório com a doutrina do *Big Stick* de Theodore Roosevelt (1904) reivindicadora da supremacia sobre todos os Estados do continente.

As comunidades europeias que ali assumiram o *direito à revolta*, não estenderam este direito às comunidades aborígenes, nem aos escravos trazidos do continente africano. O diálogo político desenvolver-se-ia nas margens do Atlântico apenas entre europeus, os quais, desenvolvendo especificidades diferenciadoras múltiplas, tornaram exigível recorrer ao conceito integrador de ocidentais, que engloba todo o espaço atlântico. Também neste caso, como acontecera séculos antes com os *cruzados* identificados globalmente pelos muçulmanos como *francos*, o *resto do mundo* (Panikkar, 1995) olhava os europeus como os *opressores dos tempos modernos* (Toynbee, 1948), também unitariamente vistos pelos que lhe vaticinaram o declínio (Spengler).

2. É talvez dentro deste conceito integrador do Ocidente que deve ser apreciada a temática da solidariedade Atlântica. O continente americano, colonizado por europeus a partir do movimento das descobertas, e com uma referência normativa no Tratado de Tordesilhas (1494), recebeu a expressão

do pluralismo da Europa: a Inglaterra, a França, a Holanda, e, para o sul do continente americano, Portugal e Espanha, imprimiram a sua marca.

Este pluralismo foi acentuado pelo sincretismo cultural que, em cada região, derivou dos contactos com as populações aborígenes, incluindo os desencontros violentos, que se tornou mais complexo com a escravatura de que África foi a vítima principal, e que mais tarde se diversificou com as imigrações comandadas pela economia.

Por meados do século XX, Salvador de Madariaga podia dos EUA olhar criticamente a Europa, como uma unidade, mas sem deixar de salientar as suas tensões interiores seculares: entre a França e a Alemanha, entre a Alemanha e a Rússia, entre a Alemanha e a Inglaterra, entre a Inglaterra e a França, entre a Polónia e a Rússia, entre a Rússia e a Finlândia, o que é apenas exemplificante.

O sentimento da unidade europeia, superador das tensões interiores, foi de regra uma resposta a uma ameaça global vinda do exterior. Erasmo, na sua *Utilíssima Consulta acerca da Declaração de Guerra ao Turco*, lamentava-se de que "tão acostumados e curtidos nos têm guerras, latrocínios, alterações da ordem pública, facções, pilhagens, epidemias, penúrias e fomes, que já não os temos por males", isto enquanto a Europa perdia poder, a Hungria era invadida, Viena atacada e os turcos criavam um império europeu.

O Rei George Podiebrad da Boémia, já em 1464 urgia a necessidade de uma federação europeia que impediria o progresso do inimigo agressor, que em 1493 conquistaria Constantinopla para sempre.

O desviacionismo americano foi uma nova variável do pluralismo político interno dos ocidentais sendo esta a identidade que o mundo submetido ao império euromundista abrangeu na imagem unitária que os seus vários expansionismos coloniais projectavam.

No interior desse espaço, todavia, crescia a importância da questão de saber se estaríamos em face de realidades tendendo para rivais e incompatíveis pelos interesses, pelos princípios, pelos critérios de intervenção agravantes da experiência europeia.

O modelo que a história foi moldando traduziu-se em manter as diversidades, coordenando o exercício da solidariedade, quer perante desordens interiores e ocidentais (guerras mundiais de 1914-1918 e 1939-
-1945), quer em resposta a agressões exteriores, no meio século da Ordem dos Pactos Militares — NATO e VARSÓVIA — e na acidentada busca de resposta eficaz e coordenada contra o terrorismo global, quer, finalmente, na angustiante tarefa de reinventar a governança mundial com salvaguarda do Ocidente.

A Solidariedade Atlântica

3. Tal como doutrinou Raymond Aron, a guerra também neste domínio se demonstrou ser a determinante fundamental das relações internacionais de solidariedade ou conflito. E foram as duas guerras mundiais que despertaram a solidariedade que Erasmo se lamentava de não surgir perante a ameaça dos turcos.

Todavia, esta solidariedade não teve relação com um ataque exterior aos ocidentais, teve exclusiva origem nos conflitos internos do tipo das passadas guerras de religião, traduziu-se em tomar partido por diferentes concepções políticas internas da área.

De facto, era em primeiro lugar um modelo de vida internacional dos ocidentais entre si, que estava em causa.

A intervenção dos EUA na guerra de 1914-1918, com os *14 Pontos* do Presidente Wilson, representou uma quebra do isolacionismo em relação à Europa, proclamado pelos fundadores do Estado. Deixou como legado o *princípio da relação entre a Nação e o Estado independente,* uma proposta supranacional do relacionamento dos Estados que foi a *Sociedade das Nações*, tudo vinculado a uma percepção dos ocidentais como constituindo o grupo dos povos civilizados, em face de um *resto do mundo* a dirigir com supremacia colonizadora.

A articulação política interna dos ocidentais, que a proposta de Wilson visava, foi frustrada pela força recuperada pela histórica corrente isolacionista dos fundadores da República americana.

A segunda guerra mundial foi igualmente uma guerra civil dos ocidentais, tendo como detonador a tradicional luta por uma posição hierarquicamente directiva, recorrentemente disputada pela Alemanha em competição com a França. Também de novo com a referência ideológica totalitária do nazismo a implicar uma guerra de cujo resultado dependeria a concepção do mundo e da vida a que ficariam submetidos os ocidentais e, por efeito sistémico, o mundo dependente da supremacia ocidental: a democracia foi o valor de síntese que apareceu a definir o conjunto de valores ocidentais que estavam postos em risco pela investida totalitária.

Os ocidentais ficaram devedores de dois líderes excepcionais, Winston Churchill e Roosevelt, que assumiram que esta guerra civil ameaçava a civilização e a cultura sedeadas nas duas margens do Atlântico, que o abalo estrutural dessa sede de governo do mundo teria a repercussão sistémica de destruir a ordem internacional, e guiaram os seus povos pela determinação famosa com que Churchill mobilizou os britânicos: "We shall fight on the beaches, we shall fight on the landing grounds, we shall fight in the fiels and in the streets, we shall fight in the hills: we will never surrender".

As destruições das estruturas, as mortes que somaram dezenas de milhões em todos os teatros mundiais das batalhas, os crimes contra a Humanidade, o esmagamento das soberanias europeias, deram a esta guerra civil, com os seus efeitos colaterais mundiais, uma imagem do Apocalipse, com expressão visível na demonstrada capacidade de destruir o mundo, quando Hiroxima e Nagasaki, em 6 e 9 de Agosto de 1945, sofreram o primeiro bombardeamento atómico da história. O professor Robert Oppenheimer, que liderara a investigação científica, avisou lucidamente que aquele poder não devia ser utilizado: a ameaça permanece como parte do legado da guerra civil ocidental de 1939-1945.

4. Seriam necessários alguns anos para que os efeitos colaterais dos avanços científicos e técnicos, sobrepostos à circunstância da guerra mundial, levassem Marshall MacLuan à evidência de que "as ondas electromagnéticas submeteram todos os problemas humanos à mesma condição, de modo que o género humano vive agora sob o modelo de uma *aldeia global*".

Este conceito dizia sobretudo respeito à submissão imposta pelos avanços da técnica às interdependências que excediam as percepções das soberanias, um facto que Theodore Roszak sublinhava em 1968, ao publicar o seu *The Making of the Counterculture*, denunciando o poder assumido por uma tecnocracia liberta do pluralismo dos valores culturais.

Entretanto, o globalismo seria dominado por uma contradição política, eminentemente ideológica, que esteve na base da substituição da ordem mundial, proposta na Carta da ONU, por uma Ordem Mundial dos Pactos Militares que, na área da segurança e defesa, apenas terminou com a queda do regime soviético depois de 1989.

Mais uma vez seria uma ameaça militar que uniria os ocidentais, quando a dissidência soviética ameaçou ocupar a Europa dos Urais até ao Atlântico. De novo seria Churchill quem, logo em 1945, discursando na Universidade de Fulton, avisava "de que desde Stettin, sobre o Báltico, a Trieste, sobre o Adriático, uma cortina de ferro descera sobre o continente", e foi doutrinando que apenas a superioridade militar faria parar os soviéticos, reconhecendo a liderança indispensável dos EUA.

Em Maio de 1948, o Senador Vonderberg apresentou ao Senado dos EUA uma Resolução que recomendava uma política de alianças para exercer a legítima defesa, a qual foi aprovada em 11 de Junho, deste modo colocando um ponto final na tradicional política de isolamento.

Em 4 de Abril de 1949, Bélgica, Canadá, Dinamarca, EUA, França, Irlanda, Itália, Luxemburgo, Noruega, Holanda, Portugal e Inglaterra, assinavam o tratado que criou a NATO, cujo Pacto entrou em vigor em 24 de

Agosto desse ano. Já antes, quando os soviéticos proclamaram a convicção de que bastava abanar a árvore europeia para colher os frutos, o general Marshall, um dos grandes estadistas do século, discursando na Universidade de Harvard em 5 de Junho de 1947, anunciou o Plano de ajuda à recuperação da Europa que ficou com o seu nome, e que se destinou a *colocar uma estaca na árvore*. Estava abandonada a histórica recomendação feita por George Washington no seu *The fare well adress*, segundo o qual a grande regra de conduta para os EUA, no que respeita às nações estrangeiras, seria, desenvolvendo as suas relações comerciais, ter com elas tão pequena relação política quando possível.

5. Durante meio século, com a Ordem dos Pactos Militares a assegurar um equilíbrio pelo medo recíproco da destruição global, foi a NATO, liderada pelos EUA, que assegurou à Europa livre a segurança sem a qual não há desenvolvimento sustentado, abrindo caminho à recuperação da vitalidade do espírito europeu invocado em plena crise por Denis de Rougemont, Gyorgy Lukács, Stephen Spender, George Bernanos, Karl Jaspers, que se inscreviam na memória do legado a que pertencem Voltaire, Goethe, Taine, Renan, Liszt, Romain Rolland, André Gide, Valéry, Keyserling.

Durante o período marcado pela estaca americana destinada a segurar a árvore europeia, a referência aos valores ocidentais foi dominante, e secundarizada a discussão sobre as diferenças específicas entre o americanismo e o europeísmo. A memória dos milhões de mortos americanos, tantos deles enterrados em cemitérios europeus da libertação, era reverenciada.

Mas à medida que o apaziguamento dos medos se consolidou, e vigorou a cumplicidade de inimigos íntimos em que se traduziria a política de corresponsabilidade da URSS e dos EUA, a tradição soberanista europeia renasceu. De Gaulle cedo desafiou a liderança americana, até que a URSS teve de proceder à revisão da logística do império, e, com as políticas da *Glasnost* e da *Perestroik*, pôs um ponto final na Ordem dos Pactos Militares, simbolicamente marcado pela queda do Muro de Berlim em 1989.

De então em diante a temática da relação entre o globalismo, o americanismo e o europeísmo, tornou-se dominante, com prejuízo para a atenção a dispensar ao atlântico unificador.

6. O fim da guerra fria obrigou a reformular a relação dos ocidentais com o *resto do mundo*, na sequência da queda do Muro de Berlim e do fim da vigência da Ordem dos Pactos Militares. A NATO sempre reconhecera a liderança consentida dos EUA, mas a nova circunstância implicou um debate nacional americano sobre a renovação do conceito clássico do inte-

resse permanente; e também o reaparecer das velhas rivalidades internas europeias e ocidentais, relacionadas com a hierarquia efectiva das potências. No plano dos conceitos, foi a querela entre o *soberanismo* e a *cooperação* que se tornou dominante.

O debate americano teve a inevitável intervenção de Kissinger inquieto com as desordens inerentes ao desaparecimento do inimigo de meio século, e viu crescer a influência dos neo-conservadores confiantes em que as circunstâncias permitiriam ao *hard power* americano reorganizar o mundo (*reshaping*). O optimismo dos crentes no poder regulador das leis do mercado, como Joseph Nye e David Calleo, seria desafiado por intervenções militares e reacções do sul pobre do mundo.

Foi o conceito estratégico da administração republicana do Presidente George Bush que, com a intervenção no Iraque em Abril de 2003, desencadeou o mais importante debate interno dos ocidentais, com os EUA a optar pelo unilateralismo, e com a União Europeia inteiramente dividida, mas não reconhecendo que, na balança estratégica mundial, continua a ser uma potência virtual.

A recusa da França e da Alemanha em acompanhar a intervenção militar dos EUA, tendo bons fundamentos jurídicos e uma visão mais correcta sobre a não existência de armas de destruição maciça no Iraque, foi animada pela herança gaullista, sempre antagónica dos EUA, e animada por uma proclamada, mas nunca explicitada, ideia que tinha da França.

Nesta linha, a proposta implícita traduziu-se em apropriar para a União Europeia conceitos orientadores da NATO durante a guerra fria: levar a liberdade do Atlântico aos Urais foi reformulado em integrar na União Europeia todos os países desse espaço; a garantia da segurança dada pela NATO durante meio século, vai ser tentativamente revista, por um lado alterando o conceito estratégico da aliança, por outro organizando um Pilar de segurança e defesa da União Europeia; para responder à tendência da formação dos grandes espaços, o projecto inclui a adesão da Rússia, criando um eixo que asseguraria a boa conduta futura da Alemanha e equilibraria a Eurásia face aos EUA. O antigo *Le Monde Diplomatique* tem sido defensor da prospectiva.

A tal visão tem faltado reconhecer que não se vislumbra evolução favorável do mundo eslavo. Mas ela corresponde a uma cisão no espaço Atlântico, um risco que foi acentuado pela diferença de atitudes em relação à guerra do Iraque, e sobretudo pela marca histórica deixada na vida americana, que foi o 11 de Setembro de 2001, origem de um suspeitado projecto da criação de um *Grande Médio-Oriente* sob influência dos EUA.

Analistas comprometidos filiaram a atitude intervencionista americana em Marte, e a atitude europeia, defensora da legalidade da ONU e do diálogo, em Vénus, com a primeira referência apelando à vitalidade directora e unilateralista dos EUA, e com a segunda sublinhando a decadência europeia. A categoria de *Rogue States*, criada por Noam Chomsky, e o *eixo do mal* invocando a missão securitária do governo de Bush, foram consagradas.

A difícil evolução da intervenção americana, o recrudescimento envolvente do terrorismo global, e os sinais que vão chegando da Ásia, fizeram recordar as lamentações de Erasmo, e repensar a realidade, importância, e futuro da solidariedade Atlântica.

Um dos perigos da cisão Atlântica, orientada por uma errada percepção unipolar da ordem que sucedeu à queda do Muro de Berlim, seria o isolamento dos EUA.

O influente Samuel Huntington, que se orientou pela percepção de um futuro choque de civilizações, tese robustecida pelo que já foi chamado a *Doença do Islão* (Abdelwahab Meddeb), avisou para a eventualidade de o seu país vir a ser *The lonely Superpower*, ignorando o crescente movimento no sentido de fazer emergir, no século XXI, um novo multipolarismo, uma advertência a que deu consistência John Naisbitt com a sua avaliação das *Megatrends Ásia* (1996), anunciadoras da entrada da China no plano mais elevado da competição por uma nova ordem.

O tema das áreas culturais perde o sentido catastrofista originário, para adiantar um modelo de grandes espaços com identidade, sem afectar o relacionamento global que inclui um mercado transparente, articulado pela Internet e pela Web, segundo a divulgada tese de Thomas Friedman (2000), e a teoria das redes de Castells (1997).

Não se trata de iniciar um novo *Século do Atlântico*, sede de um poder hegemónico do mundo, mas trata-se de conseguir que o relacionamento daquilo que foi o *resto do mundo*, na época do império euromundista findo com a guerra de 1939-1945, com os ocidentais, seja de respeito recíproco pelas diferenciadas concepções do mundo e da vida, obediente a um normativismo renovado da governança mundial em paz.

Uma governança que tem premissas fundamentais no património cultural dos ocidentais, Ocidente que tem na Europa as raízes dos Estados plurais do continente americano, com a marca profunda e específica da Inglaterra, da França, da Holanda, da Espanha, de Portugal, uma história de solidariedade em duas guerras mundiais com o preço de milhões de mortes, uma responsabilidade originária pelo direito internacional, pelas declarações de direitos humanos, pela forma de governo democrático, pelo modelo da sociedade da informação, do saber e da sabedoria. E com a experiência de que nenhuma guerra ofensiva resolveu um problema, mas que nenhuma passividade salvaguardou um interesse.

7. É duvidoso que a consciência de uma unidade de interesses, valores, e solidariedades nas guerras mundiais, tenha conseguido eliminar o risco da fractura atlântica.

A II Guerra do Iraque começou com o que nos pareceu um erro grave, e que se traduziu na dispensa, pelos EUA, da legitimação pelas Nações Unidas. Os motivos da superpotência que sobreviveu com tal estatuto, depois da queda do Muro de Berlim em 1989, poderiam visar uma legitimidade de vários títulos, mas reconhecida pelo direito internacional.

Uma das fontes de legitimidade seria a intervenção humanitária, em defesa dos direitos humanos, mas esta invocação foi secundária nas alegações dos EUA, e sempre necessita da Resolução do Conselho de Segurança; outra seria a legítima defesa, que não exige legitimação prévia, mas a alegação não cobre guerras preventivas de uma agressão suposta em formação pela soberania entendida como ameaçadora. No caso desta II Guerra do Iraque, a alegação da posse de armas de destruição maciça pelo governo ditatorial daquele país, pareceu filiada na alegada legítima defesa própria e dos ocidentais.

Poderia neste caso tentar alargar o conceito de legítima defesa a uma *agressão em progresso*, entendendo que os actos preparatórios desenvolvidos assentavam numa decisão inequívoca ou não racionalizável de outro modo.

O processo que decorreu no Conselho de Segurança parece ter este conceito como orientador, tornando-se essencial a questão da evidência suficiente de que tais armas existiam, e de que a qualificação de agressão em progresso tinha aplicação.

Embora os textos publicados não se alonguem em considerações sobre os fundamentos jurídicos, é indiscutível que o núcleo fundamental da controvérsia foi exactamente o de obter uma evidência partilhada da existência de tais armas, e da agressão em progresso.

Não foi possível obter essa evidência partilhada, e os EUA assumiram a responsabilidade de proclamar o seu convencimento fundado em alegadas provas, e por isso assumiram também a sua legitimidade para uma acção militar, que seria de defesa quanto à integridade americana e do ocidente, e humanitária quanto à libertação do povo iraquiano de um regime político degenerado e totalitário.

O primeiro efeito colateral desastroso para os ocidentais, foi a rápida instalação da dúvida, não apenas sobre a existência das armas de destruição maciça, que os peritos retirados do terreno não tinham encontrado, e que as tropas invasoras do Iraque também não encontraram, mas sobretudo o convencimento crescente e generalizado de que os factos tinham sido manipu-

A Solidariedade Atlântica

lados, que os serviços de informação não tinham sido conclusivos nas suas avaliações, que os governos da coligação eventual dos que acompanharam a acção militar, ou tinham sido induzidos à decisão com evidências sem fundamento, ou que tinham aceitado a manipulação.

Outro efeito colateral foi o de ser afectada a estabilidade dos raros centros de referência da débil ordem internacional, porque os Estados europeus, que divergiam dos EUA no Conselho de Segurança, também são membros da NATO que por isso está em crise, e são membros do Conselho Europeu onde apareceu a divisão entre o que um imaginativo Secretário de Defesa americano chamou depreciativamente a velha Europa, e a Europa que tinha acompanhado o seu país, com destaque para o Reino Unido.

Finalmente, o erro de perspectiva dos EUA, sobre o que supunha que viria a ser um caloroso acolhimento pelo povo iraquiano, fez com que o exército fosse considerado como uma força de ocupação, sem planos para o *day after* do derrube de Hussein, sem dispositivo suficiente para controlar a insurreição crescente.

O atentado levado a cabo em Madrid, no dia 11 de Março de 2004, com brutais consequências, definitivamente mostrou que a manipulação da informação, ou real ou suposta, afecta decisivamente a confiança entre a população e o governo, que neste caso foi severamente castigado pelo voto popular que o derrubou.

Demonstrando que o atentado de Madrid não era da responsabilidade da ETA, mas sim da organização da Al-Qaeda, o abalo da credibilidade alastrou nos países ocidentais.

E porque o voto espanhol sancionou essa falta de credibilidade, a última intervenção da Al-Qaeda, reveladora de uma fina sensibilidade estratégica, foi a de propor uma trégua aos ocidentais que se comprometam a não atacar o Islão, isto é, que retirem as tropas do Iraque, que deixem os EUA isolados, que de corolário abram caminho à resolução da questão da Palestina.

Nenhum estratega americano, ou serviço de informações, enunciou previsão de que a situação poderia evoluir para a definição crítica em que se encontra.

Talvez a primeira observação a reter seja a de que é tempo de ultrapassar as críticas sobre o passado da intervenção, e aceitar que essa intervenção instalou um perigo efectivo para todos os ocidentais; que a urgência é conseguir transformar uma situação de *ocupação militar*, segundo a percepção dos iraquianos, numa *ajuda internacional* à reestruturação do país; conseguir esta inversão de perspectiva, sem qualquer cedência a intimações do terrorismo global em que se vive, sem transigência sobre os princípios e valores da cultura ocidental, ela própria componente essencial do direito internacional.

Neste caminho difícil, o primeiro passo não pode deixar de ser no sentido do regresso à ONU, à legitimidade orientada para a nova exigência, ao multilateralismo sem arrogância, à salvaguarda da dignidade dos EUA restituído à paz com o seu eleitorado. A incerteza sobre o futuro continua dominante.

8. Parece ser nesta ONU, sede do projecto que orientou os frustrados vencedores da guerra de 1939-1945, que está a oportunidade de meditar sobre a reinvenção da governança mundial, e reencontrar a consciência e vontade da solidariedade atlântica. Medindo o desafio desviacionista do título do livro do influente Robert Rogan, *Of Paradise and Power — America and Europe in the New World Order* (2003).

Os danos da identificação de dois pólos como estando em conflito são visíveis: um abalo sem precedente na coerência da presença ocidental no Conselho de Segurança; a debilitação da NATO, pela divergência da Inglaterra com a França e com a Alemanha; uma crise no Conselho Europeu pela diversidade de opções da Inglaterra, de Portugal, e dos países do Leste admitidos na União e que apoiaram os EUA, contra a desabrida oposição da França; que a intervenção no Iraque contra um perigo inexistente, se traduziu na implantação de um perigo não previsto, que é a anarquia da zona com responsabilização dos ocidentais, afigura-se evidente.

Parece urgente compreender que, para além de todas as crises, a ONU continua a ser o único lugar do mundo onde todos se encontram com todos, fazendo do diálogo o instrumento da possível tolerância, respeito e cooperação.

É evidente que a própria história da organização tem nos alicerces o tema da guerra, que Aron sustentou ser o critério identificador da teoria das relações internacionais. É incontornável reconhecer que a distinção entre o princípio organizador do Conselho de Segurança e o princípio orientador da Assembleia Geral e das Organizações Especializadas, é o da superioridade da hierarquia das grandes potências detentoras da supremacia militar.

Mas também é inapagável da história do meio século decorrido que as potências ocidentais, então unidas pela superioridade e pelas responsabilidades, sofreram sérios reveses militares em face do mundo descolonizado, viram os vencidos da segunda guerra mundial ascenderem a uma posição relevante na balança do poder económico e pretenderem um lugar igual no Conselho de Segurança reformulado.

A Solidariedade Atlântica

É de importância considerável a iniciativa do Secretário-Geral da ONU que se traduziu na convocação da Cimeira de Setembro de 2005, destinada a submeter aos Chefes de Estado e do Governo, para aprovação, as conclusões do programa — *Objectivos de Desenvolvimento do Milénio*. Os temas principais da Agenda são — Fundo para a Democracia, Comissão de Consolidação da Paz, Conselho dos Direitos Humanos, reforma do Conselho de Segurança e do Conselho Económico e Social.

São visíveis alguns tópicos salientes da mudança da realidade mundial desde a fundação da ONU. Em primeiro lugar os ocidentais já não são a maioria dos membros da organização, ao contrário da data em que lhes pertenceu em exclusivo programar a nova ordem; depois, a descolonização e o despertar da Ásia, tiveram vitórias e intervenções suficientes para que o espírito da situação de 1945 não apareça, nesta entrada do milénio, como uma arrogância que impeça um risco da mudança; a mundialização do acesso à ciência, a rede tecnológica organizadora do tecido conjuntivo do globalismo, demonstraram os efeitos da lei da reflexividade, que remete em direcção ao Ocidente respostas destabilizadoras da vida habitual na ordem económica, na ordem política, e na ordem da paz e segurança.

Para avaliar a importância da solidariedade atlântica, parcela maior da solidariedade ocidental nesta reinvenção da governança mundial que inspira o *UN MILLENIUM PROJECT*, é imprescindível prestar um ouvido atento às mensagens da Ásia, com significado especial no que respeita à China.

Não se trata de dramatizar usando a tese do confronto das civilizações, mas trata-se de insistir em que as relações, ainda chamadas internacionais, já possuem um patamar irreversível de relações entre *grandes espaços formais*, a tornar-se mais complexo como um sector de relação entre áreas. Neste caso a Ásia emerge com uma tendência para a unidade, sendo importante a contribuição de John Naisbitt (1996) ao analisar o que chama as *eight asian megatrends that are reshaping our world*.

Esta análise não anuncia um *Asia Maastrischt*, mas deve considerar-se que o actual método europeu não é o único instrumento da unidade, embora estejam presentes no movimento asiático linhas directoras recebidas da prática ocidental. Assim acontece com o desenvolvimento da rede económica transnacional, com o crescimento do consumo, com a evolução das indústrias de trabalho intensivo para as altas tecnologias, tudo apoiado na convicção de que o centro da ordem global está a deslizar do Ocidente para o Leste.

Tal evolução da própria estrutura internacional, no caso da expansão continuar a ser pertinente, está obviamente presente na inspiração do *UN MILLENIUM PROJECT*, mas não parece ter influenciado os ocidentais no sentido de os EUA deixarem de tratar prioritariamente como desafios a queda do sovietismo e a evolução da União Europeia, enquanto a União Europeia proclama na Declaração de Lisboa (2000) que o seu projecto de desenvolvimento é ultrapassar a excelência competitiva americana no mercado, e pela Declaração de Bolonha (1999) articula, com o proclamado desígnio económico colectivo, o projecto de criar um espaço europeu da investigação e do ensino que ultrapasse e faça convergir as especificidades nacionais europeias, e assim também desafiar a supremacia americana.

O que tudo evidencia o risco da crescente implantação no Atlântico de uma linha divisória de confrontação, e de assumida oposição de identidades, que transplanta para esta área o legado europeu do confronto interno secular entre os Estados soberanos.

A Ásia, tal como aconteceu com outras regiões do mundo onde vigorou longamente a intervenção colonial dos europeus e dos americanos, olha para estes como uma unidade, identifica unitariamente a sua intervenção passada, designadamente com os tratados desiguais na China, e se não é de esperar que deixe de utilizar as divergências internas dos ocidentais para consolidar a sua marcha estratégica, isso não altera a visão unitária que Panikkar (1966) sustentou em coincidência com a tese de Toynbee, segundo o qual todos os povos do *resto do mundo,* que foram colonizados, consideram os europeus como os agressores dos tempos modernos.

Trata-se afinal de actualizar para os novos tempos a percepção de Adam Smith, um ocidental realista, que avaliara a situação numa época de reorganização política, quer do ponto de vista ideológico, quer do ponto de vista da estrutura e relacionamento dos poderes políticos das metrópoles europeias com os seus revoltados súbditos emigrados que repartiam o continente americano em novos Estados soberanos.

A diferença fundamental, nesta entrada do milénio, é que já não se trata de reformulações da sede imperial dos ocidentais sobre aquilo que chamaram o *resto do mundo*, o qual se mantinha ou submisso ou fracamente desafiante.

Está em curso um novo equilíbrio de poderes, que é de faces múltiplas, já não é exclusivamente estratégico, assente numa premissa de supremacia militar da qual derivaram todos os corolários da ordem mundial. Agora funcionam em interdependência, mas com predomínio alternativo, a balança militar, a balança económica, a balança técnico-científica, a balança cultural.

Uma relação tão complexa, com intervenientes colectivos que aglomeram Estados, com poderes transnacionais que actuam nas sociedades civis transfronteiriças condicionando as soberanias, com poderes erráticos que assumem a legitimidade do uso da violência armada, exige certamente a tentativa de nova racionalização que a ONU por enquanto ainda pratica.

Mas também evidencia o erro de os ocidentais não definirem a forma de manterem uma solidariedade efectiva, que responda consistentemente à imagem projectada no *resto do mundo*, e sirva de plataforma segura para a reinvenção da governança mundial que a China também proclama urgente com os seus *cinco princípios*.

Uma nova governança mundial que tem de assentar no consentimento dialogado, como é o princípio humanista da Assembleia Geral da ONU, e não poderá ser baseado no legado maquiavélico que informa o Conselho de Segurança, onde a hierarquia das potências foi o princípio orientador: autoridade e legitimidade são os valores de referência, e não supremacia e *ultimatum*.

Os factos evidenciam que o *espaço atlântico*, que foi o teatro de arranque contra os totalitarismos internos da área, é o *núcleo duro* dos ocidentais, com uma história de sacrifícios e conquistas apoiada, no século passado, em dezenas de milhões de mortos. Este sacrifício foi inspirado pela segura formulação de uma concepção do mundo e da vida, oferecendo um património científico, técnico, normativo e cultural à elaboração de uma nova ordem.

Assim como as duas guerras chamadas mundiais foram apenas guerras civis dos ocidentais que projectaram os efeitos colaterais no *resto do mundo* que dominaram, também agora são os demónios interiores que alimentam a cisão, a querela entre o soberanismo americano e a réplica contestatária dos europeus, eles próprios não omitindo reaparecimentos de ambições de Directório nesta decadente antiga sede do governo do mundo.

Os riscos repartem-se entre o facto de a União Europeia não assumir que, no *plano estratégico*, quando se avalia isoladamente é apenas uma realidade virtual, e o facto de a administração republicana dos EUA não avaliar os riscos do unilateralismo.

O impulso unilateralista, que tem o seu ponto alto na Guerra do Iraque, e apoio na proclamada convicção de os EUA terem capacidade para conduzirem duas guerras simultâneas, fortaleceu-se numa breve circunstância, que durou apenas a última década do século XX, e em que nem a França, nem a China, nem a Rússia, contestavam a liderança e os encargos assumidas pelo reclamado *leadership*: o Iraque, as guerras da Jugoslávia, a operação *Restore Hope* na Somália, e o pavoroso 11 de Setembro de 2001, mostraram suficientemente que nem a superpotência calava os desafios e as discordâncias, nem a realidade internacional se declarava submissa.

No campo ocidental, a minoria de suporte foi reduzida, a França, a Alemanha, o Canadá, o México, o Brasil, distanciaram-se do Reino Unido, da Espanha, de Portugal. A violência disseminou-se e a insegurança afectou as sociedades civis de todos os ocidentais.

Por último, quando o Secretário-Geral da ONU anunciava com esperança a próxima proclamação da *United Nations Millenium Declaration*, a administração republicana desencadeou uma ofensiva que abala os alicerces já frágeis da ONU, e que talvez seja a expressão de um desespero de fim de atitude. A fadiga dos metais tem réplica na fadiga dos unilateralismos.

Em síntese, a ameaça ao atlantismo, que é uma ameaça ao núcleo duro dos ocidentais, traduz-se no ressurgimento, agora no oceano, do legado europeu que fez dos Estados, com fronteiras comuns e identidade europeia, não vizinhos cooperantes, mas inimigos íntimos. O desastre foi a resposta dada pelos factos. A experiência dolorosamente sofrida pelas gerações que ainda estão vivas, clama no sentido de compreender e praticar que, para a reinvenção da governança mundial, em paz e segurança, a solidariedade atlântica tem de regressar à autenticidade de comportamento, o que significa o dever de assumir com autenticidade o seu legado normativo que faz parte do património comum da Humanidade.

Os impérios, e a sua face do unilateralismo, sofrem de um processo que é semelhante à fadiga dos metais. A fractura responde ao excesso da tensão, e no caso dos EUA e da sua relação com a Europa, alguns sinais aconselham a meditar sobre se essa fadiga dos metais não ameaça a extensão e diversidade das responsabilidades assumidas pelos EUA. Em 1994, o Presidente Clinton publicou uma directiva tornando claro que os compromissos dos EUA apenas são válidos "se fazem progredir os interesses nacionais americanos".

A diferença de concepções entre os EUA e a União Europeia estavam implícitas na afirmação, mas o espírito de concórdia atlântica também por isso estava em causa.

O Pacto de Varsóvia dissolveu-se em 1991, mas a dissolução da NATO, que desde a fundação reconhecia o poder directivo dos EUA, não seguiu essa lógica. Pelo contrário, o conceito estratégico da Aliança foi reformulado naquele ano, todos os países europeus que não eram membros, assim como os antigos membros do Pacto de Varsóvia, foram articulados com a NATO num Partenariado para a Paz a partir de 1994. E, facto relevantíssimo, um chamado Acto Fundador foi assinado entre os países da NATO e a Rússia, em 1997, ficando esta com uma função consultiva.

A NATO ganhou um pendor político assumindo uma legitimidade de intervenção sem os limites geográficos originais. Todavia, nos graves desafios que se foram perfilando, designadamente a Bósnia-Herzegovina (1992--1995), o Kosovo (1999), negociações de Rambouillet (1999) seguidas do bombardeamento da Jugoslávia, os EUA assumiram progressivamente uma função directiva, que no caso do Iraque evolucionou velozmente para o unilateralismo. Homem tão reconhecido como moderado, o General Colin Powell, ainda recentemente repetia que os EUA tinham capacidade para sustentar ao mesmo tempo duas guerras, ficando omisso se tinha em vista os riscos crescentes de disseminação nuclear.

Todavia, a guerra do Iraque traduziu-se numa frustração estratégica global, o desastre da ocupação inquieta a comunidade internacional, o desânimo da opinião pública é crescente. Subitamente, a natureza pareceu aliar-se ao terrorismo global que, com a Al-Qaeda, atingiu a superpotência severamente. Desta vez o desastre faz lembrar palavras de Ted Steinberg (2002), criticando a tendência americana para atribuir à vontade de Deus desastres nacionais que apenas se filiam em planeamento deficiente. Talvez devamos agora acrescentar a urgência de atender à fadiga do unilateralismo, certamente uma séria advertência para a solidariedade atlântica e ocidental.

Referências bibliográficas

ADLER, Alexander, *J'ai vu finir le monde ancien*, Grasset, Paris, 2002
ARENDT, Hannah, *On violence*, Harvest Book, Londres, 1980
ARNOVE, A. (dir.), *L'Irak assiégé*, Paragon, Paris, 2003
ARON, Raymond, *La République Imperiale*, Plon, Paris, 1973
BRZEZINSKI, Z., *Le vrai choix. L'Amérique et le reste du monde*, Odile Jacob, Paris, 2004
BOUCHARD, G., *Genèse des Nations et cultures du nouveau monde*, Le Boréal, Montréal, 2000
CHOMSKY, Noam, *Rogue States*, South End Press, Cambridge, 2003
CHOMSKY, Noam, *Pirates and Emperors, Old and New*, Pluto Press, Londres, 2002
FRIEDMAN, Thomas L., *The Lexus and the Olive Tree*, Anchor Books, New York, 2000
HUNTINGTON, Samuel, *Le choc des civilisations*, Odile Jacob, Paris, 1997
HUNTINGTON, Samuel, *The clash of civilisations*, Foreign Affairs, 1993
HUNTINGTON, Samuel, *The lonely superpower*, Foreign Affairs, 1999
MEDDEB, Abdelwahah, *A doença do Islão*, Relógio d'Água, Lisboa, 2002
MOREIRA, Adriano, *A Europa em formação*, I.S.C.S.P., 4.ª ed., Lisboa, 2004
MOREIRA, Adriano, *Teoria das Relações Internacionais*, Almedina, Coimbra, 2002
NAISBITT, John, *Megatrends Ásia*, Simon and Schuster, New York, 2000
REVEL, Jean-François, *L'obsession anti-américaine*, Plon, Paris, 2002
RIBEIRO, Maria Manuela Tavares (coord.), *A Ideia de Europa. Uma Perspectiva Histórica*, Quarteto Editora, Coimbra, 2003

RIBEIRO, Maria Manuela Tavares (coord.), *Europa em Mutação. Cidadania. Identidades. Diversidade Cultural*, Quarteto Editora, Coimbra, 2003
SMITH, Adam, *An inquiry into the nature and causes of the wealth of nations*, The University of Chicago, 1952
STEINBERG, Ted, *Acts of God: The unnatural history of natural disaster in America*, C.W. Reserve University, Cleveland, 2002
TOCQUEVILLE, Alexis, *De la democratie en Amérique*, Gallimard, Paris, 1951
TOFFLER, Alvin et Heidi, *Guerre et Contre-Guerre*, Pluriel, Paris, 1993
TOYNBEE, Arnold, *Civilization on Trial*, New York, 1948
WEBER, Max, *Le savant et la politique*, La Decouverte, Paris, 2003

Guillermo Á. Pérez Sánchez

Los países de la Europa central, suroriental, báltica y balcánica. El nuevo vínculo eurotlántico en el paso de un siglo a otro

Universidad de Valladolid

Guillermo Á. Pérez Sánchez é Professor Titular de História Contemporânea da Universidade de Valladolid e Membro do Instituto de Estudios Europeos da Universidade de Valladollid. É autor, entre outras, das seguintes publicações: *Crisis e revolución en la Europa del Este*, Barcelona, Ariel, 1999; *Historia de la integración europea* (coord.), Barcelona, Ariel, 2001; *La URSS contra las Comunidades Europeas*, Valladolid, Universidad de Valladolid, 2005.

Presentación de contenidos

Durante la segunda mitad del siglo XX la Europa Comunitaria ha contribuido a poner fin a los conflictos del pasado y a fortalecer la paz, la seguridad, la justicia y el bienestar en la parte occidental del Viejo Continente. Desde que en la década de los noventa los países de la antigua Europa del Este mostraron su interés por incorporarse a la Unión Europea, el proceso de ampliación en marcha no ha dejado de coadyuvar de manera decisiva al mantenimiento de la paz, a la estabilidad política, al progreso económico y al logro de la justicia social en toda Europa.

Una vez pasado el momento de la desintegración de la Unión Soviética y el final de la Guerra Fría, los Estados Unidos y sus aliados europeos occidentales tuvieron que afrontar los nuevos retos surgidos en el Viejo Continente. Era preciso, en primer lugar, redefinir las relaciones atlánticas entre los Estados Unidos y la nueva Europa Comunitaria ampliada al Este. El hecho de mantener los vínculos atlánticos euronorteamericanos como garantía de estabilidad fue aplaudido desde un primer momento por los países procedentes de la dominación soviética. Según las nuevas democracias de la Europa Central, Suroriental, Báltica y Balcánica, la seguridad de sus fronteras orientales sólo era posible en el marco de una OTAN ampliada, primera parte de su gran objetivo una vez recuperada la libertad nacional en 1989; y precisamente por su firme compromiso atlántico confiaban también en su pronta integración en las Comunidades Europeas, segunda parte de ese mismo objetivo. En este sentido, los países del Este siguieron por lo general dos líneas maestras de actuación: una de ellas consistió en incrementar la estabilidad democrática interna; la segunda se propuso renacionalizar la política de seguridad tras la desaparición del Pacto de Varsovia en 1991. Sus actuaciones en política exterior han tenido una clara orientación euroatlántica.

La Europa Comunitaria, apoyada de forma explícita por los Estados Unidos, asumió decididamente sus responsabilidades para con los países de la antigua Europa del Este, quienes a principios de los años noventa comenzaron a sellar sus vínculos con las Comunidades Europeas y el 1 de mayo de 2004 se integraron en la Unión Europea (salvo Bulgaria y Rumania que se integrarían en 2007). Por su parte, Estados Unidos tampoco rehuyó sus compromisos con estos países y promovió los contactos en materia militar y de seguridad durante la década de los noventa. Como primer paso, se incorporaron al Consejo de Cooperación Noratlántico a partir de 1995, demostración palmaria de la capacidad de adaptación de la OTAN a la nueva realidad euroatlántica. Poco tiempo después, en 1999, se produjo la primera ampliación de la OTAN al Este con la incorporación de Polonia, Hungría y la República Checa; y la segunda tuvo lugar en 2004 con la integración de Eslovaquia, Eslovenia, Rumania, Bulgaria, Letonia, Estonia y Lituania. Este proceso fue calificado en Estados Unidos como de «victoria para Europa», de un hecho «histórico» para todos estos países y de transcendental importancia para la seguridad de ellos mismos, de Estados Unidos y del mundo.

Las claves de la redefinición de los vínculos euroatlánticos: la apuesta por la OTAN (con Estados Unidos como reaseguro) de los países de la antigua Europa del Este

La ruptura definitiva con el orden socialista y éxito de las transiciones a la democracia y a la economía de mercado en los países antes sovietizados coincidieron en el tiempo con la llegada del demócrata William J. Clinton a la presidencia de los Estados Unidos. En enero de 1993, precisamente con el objetivo de contrarrestar las críticas de los responsables de la antigua administración Bush, quienes opinaban que se había pasado de la contención a la confusión, Clinton y su equipo del Departamento de Estado definieron su política exterior como un «wilsonismo práctico», según palabras de Anthony Lake, responsable del Consejo de Seguridad Nacional. En la nueva situación mundial, el sentido de sus esfuerzos debía encaminarse a lograr la expansión de la economía de libre mercado, la democracia pluripartidista y el Estado de derecho; además la administración Clinton aspiraba a reducir la tensión en las zonas más conflictivas del planeta: el Oriente Próximo y Medio, el África del Norte y Subsahariana, la península de Corea y por último, pero no por ello menos importante, la Europa Balcánica, asolada por las guerras en la antigua Yugoslavia.

Para alcanzar estos objetivos la administración Clinton quiso privilegiar las relaciones con la Federación Rusa, heredera natural de la antigua Unión Soviética, e incluso logró su apoyo a los esfuerzos occidentales de preservar la paz y las buenas relaciones de vecindad en el nuevo espacio europeo comunitario y atlantista reformulado a partir de 1989 y 1991. En 1997 la OTAN y la Federación Rusa estrecharon todavía más sus vínculos después de aprobar la formación del Consejo Permanente Conjunto, posteriormente reemplazado por el Consejo del Atlántico Norte-Rusia según lo acordado en Roma en mayo de 2002. Este ambiente de entendimiento facilitó la primera ampliación de la OTAN al Este en 1999, así como la posterior, acordada en 2002 y llevada a la práctica dos años más tarde, que incluía la integración de los tres Estados Bálticos, un paso sustancial al incorporar a la Alianza a estos tres países de la antigua Unión Soviética. Al mismo tiempo mejoraba también el entendimiento entre la Unión Europea y la Federación Rusa, como demostró la reunión mantenida el 29 de mayo de 2002 al avenirse ambas partes a impulsar la colaboración de fuerzas policiales en la lucha contra el terrorismo, el narcotráfico, el tráfico ilegal de personas y contra el crimen organizado en general. Dentro de esta atmósfera de colaboración cobraron plena actualidad algunas de las ideas expuestas ya hacía tiempo por el Presidente de la República Checa Vaclav Havel según quien la Alianza Atlántica estaba llamada a exportar seguridad, sobre todo a la nueva frontera oriental, hecho que debía ser entendido por sus vecinos — la Federación Rusa, Bielorrusia y Ucrania — como la mejor manera de fomentar la paz y la estabilidad en el Viejo Continente. Por todo ello, invertir en seguridad pasó a ser para todos un objetivo principal. Lo anterior fue asumido por la comunidad internacional en general y por las instituciones de la Unión Europea en particular. En el momento de efectuarse la ampliación al Este, que en su primera fase se cerró el 1 de mayo de 2004, la Unión Europea se encontró con nuevos vecinos y sus relaciones con ellos debía reflejar la nueva situación. Adelantándose a este proceso, la Unión ha establecido políticas especiales para cada uno de estos ámbitos geoestratégicos: el «Marco de Asociación y Cooperación para la Federación Rusa, Ucrania y otros nuevos Estados Independientes» y el «Proceso de Asociación y Estabilización para los Balcanes occidentales». Además de los asuntos relacionados con la seguridad — cada vez más importantes, sobre todo después de la acción terrorista perpetrada el 11 de septiembre de 2001 —, tienen como objetivos primordiales crear entre la Unión Europea ampliada y sus nuevos vecinos un espacio de libre comercio asentado sobre el Estado democrático y el respeto a los Derechos Humanos y fomentar así mismo la colaboración en asuntos de justicia e interior. En consecuencia, con la ampliación a la antigua Europa del Este la unificación del Viejo Continente sería un hecho, se cerrarían sus límites geográficos en el norte, en el centro y en el sureste, y comenzaría una nueva etapa para todos en la Unión Europea. En palabras del profesor Parzymies, la incorporación de los países anteriormente sovietizados «cerrará de una vez por todas el capítulo de la historia de Europa que fue escrito en Yalta. Contribuirá también a extender hacia el Este esa zona de seguridad, estabilidad y relaciones de buena vecindad que constituye la Unión Europea. Se trata, pues, de beneficios que responden a los intereses de toda Europa».

La ampliación de la OTAN al Este: la consolidación del vínculo euroatlántico

Desde la caída del Muro de Berlín, las comunidades Europeas contaron con el apoyo de Estados Unidos en su labor de apoyo a los países del Este para favorecer sus respectivos procesos de transición; al mismo tiempo, el anhelo de integración comunitaria demostrado por éstos fue sentido por la administración estadounidense como factor de seguridad económica y política en el Viejo Continente. En diciembre de 1989 el Secretario de Estado James Baker manifestó la voluntad del Gobierno norteamericano de fortalecer los vínculos con la nueva Europa que se avecinaba, y lo hizo declarando la validez de la OTAN como mecanismo para alcanzar tal fin: la Europa ampliada estaba llamada a cooperar con los Estados Unidos más estrechamente todavía. A principios de 1993, ya el mundo sin Guerra Fría, los Estados Unidos habían sido definidos por el recién nombrado Presidente Clinton como la única superpotencia mundial, lo cual los obligaba a «desempeñar un papel predominante» en las relaciones internacionales. Curiosamente, las orientaciones de la política exterior norteamericana seguían en consonancia con las establecidas en 1950, año de elaboración del documento 68 del Consejo Nacional de Seguridad, que resumía el objetivo de lograr un mundo en el cual los valores estadounidenses pudieran mantenerse y difundirse por doquier. En otro documento titulado «Consejos sobre el Plan de Defensa para los años 1994-1999», los expertos del Pentágono afirmaban que Estados Unidos «debía mantener las disposiciones necesarias para contar con los medios en caso de que sus obligaciones internacionales lo llevaran a desempeñar un mayor papel tanto regional como mundial». Así, la fórmula acuñada por el Presidente Wilson como divisa de la misión norteamericana de poner al mundo «*safe for democracy*» continuaba plenamente vigente en los años finales del siglo XX y parece todavía en los comienzos del presente determinar la actuación de la potencia norteamericana, en este caso en su guerra total contra el terrorismo, para lo cual cuenta con el apoyo de los países amigos y aliados. En la segunda mitad de los noventa, años que en la práctica coincidieron con el control del Congreso por parte de los republicanos y con el segundo mandato del Presidente Clinton, los Estados Unidos reafirmaron su compromiso de apostar por una paulatina ampliación de la OTAN a los países de la Europa Central, Suroriental, Báltica y Balcánica. Ya en la cumbre de Copenhague de junio de 1991 los altos mandatarios de la Alianza habían mostrado su disposición favorable a «ayudar a crear una Europa unida y libre» y meses después, en la cumbre de Roma, dieron el visto bueno para la constitución del Consejo de Cooperación Noratlántico (CCNA). Sustituido después por el Consejo de Asociación Euroatlántico (CAEA), el CCNA implicaba un nuevo concepto estratégico con el que se insistía en el principio de defensa colectiva y se marcaban nuevos retos a la OTAN: la «gestión de crisis», las «misiones fuera de zona» y las «operaciones de mantenimiento de la paz». Finalmente, en la cumbre de Bruselas de enero de 1994 se creaba la Asociación para la Paz (APP) con el objetivo de integrar en ella a los países del extinto Pacto de Varsovia, empezando por la Federación Rusa. Posteriormente, en la cumbre de la OTAN, celebrada en Madrid en 1997, el CCNA fue sustituido por el Consejo de Asociación Euroatlántico (CAEA). Algunos de los antiguos países sovietizados de la Europa Central, conocidos también como del Grupo de Visegrado — Polonia, Hungría y Checoslovaquia (después de 1993, República Checa y República Eslovaca) —, expresaron de forma inequívoca su compromiso con los valores de la Europa Comunitaria y en política exterior con la Alianza Atlántica, participando en el Consejo de Asociación Euroatlántico y en la Asociación para la Paz. El apoyo de estos tres Estados a la coalición internacional durante la segunda guerra del Golfo fue la demostración más palpable de su voluntad de cooperar con los aliados occidentales y la OTAN en la nueva arquitectura de seguridad del orden internacional después de la Guerra Fría. De este modo, si los países del extinto Pacto de Varsovia perseveraban en sus procesos democratizadores y continuaban dando muestras de su fervor euroatlántico, la ampliación se haría pronto realidad. En efecto, en marzo de 1999 Polonia, Hungría y la República Checa ingresaron en la OTAN y lograron que los Quince aceptaran su candidatura de adhesión a la Unión Europea. El camino que siguieron estos países queda perfectamente ilustrado en el ejemplo de Polonia. Según las palabras pronunciadas en marzo de 1998 por su Ministro de Asuntos Exteriores Bronislaw Geremek, «nos volveremos hacia el oeste y hacia sus instituciones con la mente puesta en conseguir al menos cuatro objetivos: primero, fortalecernos internacionalmente; segundo, introducir una sensibilidad nueva y una experiencia histórica diferente en el debate europeo occidental y en la forma europeo-occidental de entender Europa; tercero, fortalecer la OTAN y la Unión Europea no sólo para añadir nuestro potencial a su fuerza, sino para ofrecer nuevos puntos de vista y nuevos retos; y cuarto, fortalecer y acelerar el proceso de reconstrucción democrática de la región y construir un nuevo orden europeo. Estos cuatro objetivos son el núcleo de la nueva geopolítica que iniciamos hace casi nueve años en esta parte de Europa». Como ha quedado demostrado, Polonia no dejó de secundar los esfuerzos que se venían realizando para potenciar la política europea común de seguridad y defensa, en la medida en que todo ello fortalecía la operatividad de la Alianza Atlántica, ya que este país «considera que la OTAN es la piedra angular de la seguridad europea, y que es vital el desarrollo de los mecanismos institucionales de la Unión Europea en materia de seguridad y defensa y el establecimiento de nuevas relaciones de cooperación entre la Unión Europea y la OTAN». En efecto, para estos países, empezando por Polonia y según su Ministro de Asuntos Exteriores a finales de 2001, Wladyslaw Bartoszewski, la integración en la OTAN y la adhesión en la Unión Europea debe significar «por un lado, el fin de un cambio histórico iniciado en 1989, y por otro, la posibilidad de aprovechar todos los elementos de [su] situación geopolítica, por el bien de toda Europa». Por todo ello, y en función de las prioridades de su política exterior, especialmente en el terreno de la seguridad y defensa, se podía deducir que Polonia, Hungría y la República Checa estaban más cerca de la posición del Reino Unido que de Francia, y entendían que su aspiración a la integración en la Unión Europea era perfectamente conciliable, incluso complementaria, de su defensa de unas estrechas relaciones euroatlánticas. Pero en esta tarea, especialmente Francia veía a estos países como un «Caballo de Troya» de los intereses estadounidense en Europa. Incluso, a comienzos de 1999 — y no sería la última vez —, el Gobierno de París se permitió advertir a estos países que «su visión de la seguridad podía hacer más lenta la adhesión».

Sin embargo, estos países siguieron fieles a su política euroatlántica, y por ello no debe sorprender que, una vez miembros de la OTAN, Polonia y la República Checa, apoyaran decididamente la integración de Eslovaquia en la Alianza militar atlántica, teniendo en cuenta además que este país ya había colaborado activamente en las campañas aéreas aliadas en la antigua Yugoslavia facilitando su espacio aéreo y su propio territorio durante la campaña bélica.[1] La trayectoria europeísta y euroatlántica de Eslovenia, que sólo pudo ser iniciada a partir de 1991 con la desintegración de la antigua Yugoslavia al concluir la primera etapa de la guerra sudeslava, siguió los mismos derroteros de los países del Grupo de Visegrado. También Bulgaria y Rumania después de la caída del comunismo, lograron mantener como objetivos básicos de su política exterior la integración en la Unión Europea y en la Alianza Atlántica. Como ya había sucedido con los países de la Europa Central del Grupo de Visegrado, Rumania y Bulgaria aspiraban con

---

[1] Estos tres países crearon en mayo de 2001 una brigada conjunta con sede en Bratislava para apoyar los operativos militares de la OTAN y en su caso de la Unión Europea; y en la primavera de 2002 las fuerzas armadas checas y eslovacas desplegaron un batallón mecanizado destinado a la misión de pacificación de la OTAN en Kosovo

su integración en la OTAN a consolidar una presencia internacional que impulsara también su modernización socioeconómica y política para seguir avanzando hacia la Unión Europea. Al mismo tiempo, y en función de su situación geoestratégica, Bulgaria y Rumania participaron en las diferentes iniciativas y pactos establecidos por la Unión Europea para potenciar la cooperación y la estabilidad del sudeste de Europa. En este sentido, como escribió el Ministro de Asuntos Exteriores de Rumania, Dan Mircea Gioana, a finales de 2001 la Unión Europea «es un claro ejemplo de estabilidad [que debe proyectarse] (en los Balcanes occidentales, por ejemplo), de prosperidad [que debe aplicarse] (en las repúblicas de la exURSS, por ejemplo) de promoción de la tolerancia religiosa y cultural [tan necesaria] (al mundo árabe, por ejemplo) en su entorno y más allá del mismo, y que debería transformarse gradualmente en un modelo interesante para estas zonas». En efecto, la incorporación de Rumania sería «como el anclaje meridional que cimentaría la alianza de seguridad tanto territorial como estratégicamente», puesto que las fronteras de la OTAN alcanzarían el mar Negro por primera vez, si excluimos a Turquía. La seguridad de la región se vería notablemente mejorada, más aún después del positivo cambio en las relaciones rumano-húngaras.[2] El factor ruso desempeña un papel fundamental en la concepción de la seguridad nacional de estos países, de ahí la defensa a ultranza que hacen de su incorporación a la OTAN; en el caso de Rumania es muy evidente por la espinosa cuestión moldava.[3] Pero en la actualidad destacan las buenas relaciones que Bulgaria y Rumania mantienen con países de su entorno, como testifican los acuerdos establecidos entre Bulgaria, Grecia y Rumania y entre Bulgaria, Turquía y Rumania; este último país, por su parte, también alcanzó un acuerdo — como ya quedó apuntado — con Hungría relativo a la inviolabilidad de las fronteras y de respeto a las normas y tratados internacionales sobre la protección de las minorías (pensando sobre todo en función de la minoría húngara instalada en suelo rumano), y firmó en 1996 un Tratado de Amistad y Cooperación con la República Federal Yugoslava, y otro con Ucrania en los mismos términos, el 2 de junio de

---

[2] El tradicional contencioso por la situación de la minoría húngara en Transilvania entró en vías de solución después de la firma de un acuerdo preliminar entre los gobiernos de ambos Estados a finales de 1996 con los auspicios de la Unión Europea y la OTAN.

[3] Después de la desaparición de la URSS, hubo una fuerte tendencia a favor de la unificación de los Estados rumano y moldavo desbaratada en parte por las operaciones militares rusas en la zona oriental del Transniester moldavo, elemento que ha intensificado la secular animadversión rumana por Rusia.

1997 (pero sin cerrar un tercero con Moldavia). En función de lo anterior, y según la Embajadora de Bulgaria en España, Vasilka Dobrena Pallomatas, «la adhesión de Bulgaria a la UE y a la OTAN ha de ser concebida a la luz de su papel en el Sudeste de Europa, ya que ocupa un lugar único en la región en lo que se refiere a la estabilidad política y económica, la tolerancia étnica y las relaciones de buena vecindad». Entre agosto y septiembre de 1991, los Países Bálticos forzaron su ruptura con la Unión Soviética, pocos meses antes de que ésta se desintegrara totalmente. A partir de ese momento, la recuperación de su independencia y soberanía nacional — fraguada por primera vez en la época de entreguerras y frustrada por el pacto germano-soviético de 1939 —, así como la consolidación de la democracia y el Estado de Derecho y la economía social de mercado, fue de la mano de su aspiración de integración en la Unión Europea y en la Organización del Tratado del Atlántico Norte. Después de más de una década de grandes transformaciones, tanto políticas como socioeconómicas, todo parecía indicar que en los primeros años del nuevo siglo, los tres Países Bálticos — Lituania, Estonia y Letonia — lograrían cumplir con éxito con aquellos dos objetivos fundamentales para su futuro en paz, libertad, prosperidad y seguridad: el «retorno a Europa» en el marco de la Unión Europea y su vinculación a la alianza militar euroatlántica dentro de la OTAN. Desde un primer momento, por tanto, los Países del Báltico proclamaron claramente sus vínculos con la Europa Occidental y reclamaron un lugar de socios y aliados en la Comunidades Europeas y en la Alianza Atlántica. Sin embargo, la incorporación a la OTAN de los tres Estados Bálticos — el denominado Grupo de Vilna — se presentaba compleja dados los intereses de la Federación Rusa en la zona.[4] Ciertamente en el caso de estas repúblicas la percepción de una permanente amenaza rusa ha propiciado un mayor entendimiento a la hora de ofrecer pautas de integración para consolidar en el área nórdica una «región báltica» con carácter propio. A lo largo de la década de los noventa se desarrollaron entre las tres repúblicas exsoviéticas diferentes ini-

---

[4] En palabras de Servando de la Torre, «no es ya sólo que tras el ingreso de Lituania quede un enclave y unos siempre problemáticos pasillos de acceso hasta Königsberg-Kaliningrado. La adhesión de Estonia y Letonia crea problemas mayores a la Federación Rusa. Sus fronteras orientales reconocidas por Moscú, aunque con diseño soviético, están por ratificar; los ciudadanos que constituyen su población lo son por su conocimiento, previo examen, del idioma nacional y por varias circunstancias censales y administrativas que han concluido por situar como apátridas a medio millón de ciudadanos de origen ruso en el caso de Letonia (veinte por ciento) y un cuarto de millón en el de Estonia (quince por ciento)».

ciativas de este tipo como el Consejo Báltico (a imitación del Consejo Nórdico), así como conferencias de cooperación parlamentaria en la zona del mar Báltico que, por impulso finés, han servido para establecer relaciones más fluidas entre los representantes de las distintas fuerzas políticas. Por último, en cuestiones de seguridad, una «mesa báltica» de la OSCE centró sus esfuerzos en poner las bases para dirimir los problemas, tanto de minorías nacionales como de fronteras, que podían perturbar la seguridad de la zona si no se abordaban con urgencia. En todo caso, para Estonia — como para Letonia y Lituania —, y según planteó en 2001 su Ministro de Asuntos Exteriores, Thomas Hendrik, «la recuperación de su soberanía [hace ya más de diez años] significó igualmente la posibilidad de definirse dentro del sistema internacional después de un largo periodo. Y en mi opinión, este proceso de autodefinición de Estonia está sin concluir mientras no se haya determinado su integración en Europa, es decir, hasta la pertenencia de Estonia [y de Letonia y Lituania] en la Unión Europea y en la OTAN». Por otra parte, el segundo gran objetivo de su política exterior siguió siendo el establecimiento de buenas relaciones con la Federación Rusa, demostrando el profundo cambio estratégico operado en la política de seguridad y defensa de la Federación Rusa hacia las repúblicas bálticas en los últimos años, lo que favoreció decididamente la aproximación de estos países a la Unión Europea y a la OTAN.[5]

En la OTAN y junto a Estados Unidos: los Países de la Europa Central, Suroriental y Báltica a favor del vínculo euroatlántico

Durante la última década del siglo XX los países de la Europa Central y Suroriental, además de Eslovenia, y las tres repúblicas del Báltico apostaron decididamente por su integración en la alianza militar euroatlántica y en

---

[5] En este sentido, tanto Estonia como Letonia y Lituania se comprometieron en cerrar lo antes posible un acuerdo fronterizo con Rusia, el cual en el caso lituano se complica con la delimitación del enclave ruso de Kaliningrado. Letonia, por su parte, tiene suscrito un acuerdo fronterizo con Bielorrusia, mientras que Lituania lo tiene pendiente todavía, aunque en 1994 logró establecer con Polonia un Tratado de amistad y buena vecindad considerado por las autoridades lituanas un paso fundamental en la integración del Estado báltico en las estructuras militares y comunitarias euroatlánticas, ya que, en palabras del ministro lituano de Asuntos Exteriores al visitar Varsovia en enero de 1997, «el camino más corto en esta dirección pasa por Polonia (…) nuestro principal socio geopolítico y geoestratégico».

las comunidades europeas y relegando a un segundo plano las relaciones interregionales si no las han supeditado a los grandes objetivos anteriores. En el ámbito de la OTAN, la primera ampliación resuelta en 1999 pretendió asegurar el flanco central del Viejo Continente en consonancia sobre todo con las aspiraciones firmemente expresadas por Polonia. En un segundo momento se dio una respuesta positiva a las demandas de los tres Estados Bálticos, sobre todo una vez encauzada la situación de las minorías rusas en estos territorios y la Federación Rusa dejó de oponer resistencias infranqueables. Finalmente, la incorporación de Bulgaria y de Rumania contribuirá, sin duda, a dar mayor estabilidad al área Balcánica puesto que la percepción que de la OTAN tienen estos países se fundamenta no sólo en su capacidad militar sino también en su importancia como elemento de cohesión interna, elemento éste poco considerado durante la época de la Guerra Fría. Fue en la cumbre de la Alianza Atlántica celebrada en Praga en noviembre de 2002 cuando los países miembros reactualizaron su compromiso al aprobar la incorporación en 2004 de los restantes países de la zona, incluidas las tres repúblicas Bálticas exsoviéticas: Eslovaquia, Eslovenia, Rumania, Bulgaria, Letonia, Estonia, y Lituania. El 8 de mayo de 2003 el Presidente George W. Bush, sucesor de Clinton, calificó de «victoria para Europa» la votación del Senado estadounidense favorable a la ampliación de la OTAN a estos países. Los 96 senadores presentes en la Cámara dieron el sí a un hecho «histórico para los siete países, vital para continuar reforzando la OTAN y central para la seguridad de Estados Unidos y del mundo», según declaró Richard Lugar, presidente del Comité de Relaciones Exteriores del Senado. El cierre del proceso integrador traerá consecuencias enormemente beneficiosas tanto para la Unión Europea en su conjunto al emerger como actor de mayor peso específico en el concierto internacional como para los países de nueva incorporación.[6] La frontera de la Unión alcanzará así los límites de las repúblicas bálticas, la línea de demarcación oriental de los países de Visegrado y los Balcanes orientales. Al este de la Unión ampliada quedaría, además de la Federación Rusa, la «zona gris» constituida sobre todo por Ucrania y Bielorrusia, dos Estados poco moder-

---

[6] En este sentido, sin negar las dificultades para concretar una política de seguridad y defensa común debidos a los diferentes y en ocasiones encontrados intereses de los estados miembros, debe reconocerse que la Unión Europea ha tratado de establecer unas pautas de actuación comunes como garantes de estabilidad interna de los países candidatos y de seguridad de las nuevas fronteras para que la ampliación en marcha sea operativa y haga olvidar el fracaso comunitario en el conflicto yugoslavo.

nizados en sus instituciones políticas y socioeconómicas que representan un reto importante para la seguridad del continente por cuanto se han manifestado muy reticentes con la ampliación de la OTAN, sobre todo en el caso bielorruso desde que Polonia forma parte de la alianza atlántica. El hecho de convertirse en zona fronteriza al margen de los nuevos vínculos estratégicos europeos exige de la Unión Europea un compromiso de seguir apoyando sus transformaciones internas, potenciar la cooperación y disipar los temores de conflictividad latente.

La inequívoca apuesta de los Países de la Europa Central, Suroriental y Báltica por el vínculo euroatlántico

Fue con motivo de la última crisis de Irak a principios de 2003 cuando los Países de la Europa Central, Suroriental, Báltica y Balcánica apostaron inequívocamente por el vínculo euroatlántico al apoyar la actuación de Estados Unidos y sus aliados occidentales, empezando por el Reino Unido de Gran Bretaña, en la resolución de dicha crisis en el Oriente Próximo. Pese a las advertencias militares de Estados Unidos y el Reino Unido y las sanciones impuestas por la ONU, Saddam Hussein siguió plantando cara a la comunidad internacional. La situación no dejó de degradarse y generó el aumento de la tensión entre el dictador iraquí y Naciones Unidas: en diciembre de 1998, ante la falta de colaboración por parte de las autoridades iraquíes, la Comisión Especial de Naciones Unidas para el Control del Desarme de Irak (*UNSCOM*) abandonaba el país. Durante casi cuatro años Saddam Hussein rechazó las pretensiones de la ONU de reanudar las inspecciones sobre el terreno. Sólo después de los atentados terroristas del 11-S de 2001, que llevó a Estados Unidos a lanzar la guerra contra el talibán en Afganistán y a amenazar al régimen iraquí con represalias militares por el apoyo prestado al terrorismo islamista, Saddam Hussein autorizaba a la ONU a continuar con su programa de control del desarme de Irak: mediante la Resolución 1441 de 8 de noviembre de 2002 se reforzaba el protocolo de inspecciones en el país y se advertía a las autoridades de las «graves consecuencias» en caso de incumplimiento. Estas «graves consecuencias» terminaron por concretarse al anunciar Estados Unidos, con el apoyo diplomático y militar del Reino Unido, la intención de terminar por la fuerzas de lar armas con el régimen *baazista* de Saddam Hussein. En efecto, el incumplimiento por parte del dictador iraquí «de las obligaciones asumidas» en la Resolución 687 (de 3 de abril de 1991), que en su Título VII exigía a Irak «la declaración y eliminación de sus armas de destrucción masiva y supeditaba un alto el fuego formal a la aceptación de las exigencias de Naciones Unidas, conllevaría la anulación de la condición suspensiva de la guerra». De este modo, al incumplir Irak lo previsto en la Resolución 1441 vulneraba de hecho y de derecho lo estipulado en la Resolución 687, lo que significaba que se podría, en función de todas la Resoluciones emitidas por Naciones Unidas contra Irak desde hacía más de una década, apelar a la intervención armada de manera inmediata. Las divergencias dentro de la Unión Europea — y por tanto entre socios europeos de la OTAN — respecto a la crisis de Irak se explicitaron cuando el 22 de enero de 2003, coincidiendo con la celebración del cuadragésimo aniversario de la firma del Tratado entre Francia y la República Federal de Alemania con la aspiración de hacer de estos dos países la «piedra angular» del proceso de integración de la Europa Comunitaria. Con motivo de dicha efemérides, lo mandatarios francés y alemán, Chirac y Schroeder, acordaron una estrategia común franco-alemana — una toma de posición marcadamente unilateral, ignorando a sus socios comunitarios y atlantistas — de rechazo a las pautas de Estados Unidos con respecto a Irak: Francia y Alemania no admitían el recurso a la denominada «guerra preventiva» e insistían en resolver la crisis iraquí sólo mediante las resoluciones del Consejo de Seguridad de la ONU y en función de sus intereses. Para intentar consolidar su estrategia, el dúo franco-alemán pretendió que los demás socios comunitarios acordaran un texto de acuerdo a sus pretensiones; pero el documento final de 27 de enero no abordó la cuestión de fondo y las posturas previas se mantuvieron en el seno de la Unión Europea de los Quince. Pero la actuación unilateral franco-alemana no dejó de ser criticada e incluso rechazada por otros socios de la Unión Europea y de la OTAN, con el Primer Ministro británico, Blair, y el Presidente del Gobierno español, Aznar, al frente. En este sentido, los gobernantes británico y español lograron que otros seis mandatarios de naciones comunitarias — o en proceso de integración — y atlantistas (Italia, Portugal, Dinamarca, Polonia, Hungría y la República Checa) secundaron una iniciativa para contrarrestar la toma de posición franco-alemana mediante la publicación de un documento dirigido a la opinión pública de ambas orillas del Atlántico en la que expresaban su apoyo a los Estados Unidos, a la OTAN y, por tanto, al fortalecimiento del vínculo euroatlántico. En el documento en cuestión, conocido como «La carta de los ocho», publicada el 30 de enero de 2003, se aludía a lo siguiente:

> «El vínculo que une a los Estados Unidos y a Europa son los valores que compartimos: la democracia, la libertad individual, los derechos humanos y el Estado de Derecho. Quienes zarparon de

Europa y ayudaron a crear lo que ahora son los Estados Unidos de Norteamérica llevaron con ellos estos valores al otro lado del Atlántico. Hoy estos valores están más amenazados que nunca. Los ataques del 11 de Septiembre no enseñaron hasta dónde están dispuestos a llegar los terroristas, los enemigos de estos valores comunes, en su afán de destruirlos. Estas atrocidades fueron un ataque contra todos. La reacción de los gobiernos y de los pueblos de Europa y Norteamérica, defendiendo con firmeza estos principios, mostró la fuerza de nuestras convicciones. Hoy más que nunca el vínculo transatlántico es una garantía de nuestra libertad.

»La relación entre Europa y los Estados Unidos ha sobrevivido al paso del tiempo. Gracias al valor, la generosidad y la visión de futuro de los norteamericanos, Europa se libró de las dos formas de tiranía que han devastado nuestro continente en el siglo XX: el nacionalsocialismo y el comunismo. Gracias también a la continua cooperación entre Europa y los Estados Unidos hemos podido garantizar la paz y la libertad en nuestro continente. La relación transatlántica no debe convertirse en una víctima de los constantes intentos del actual régimen iraquí de amenazar la seguridad mundial.

»En el mundo de hoy, más que en ningún otro momento, es vital que preservemos esta unidad y cohesión. Sabemos que el éxito en la lucha cotidiana contra el terrorismo y la proliferación de armas de destrucción masiva exige que todos los países para los que la libertad es el bien más preciado mantengamos una determinación sin fisuras y una firme cohesión internacional.

»El régimen de Irak y sus armas de destrucción masiva, representan una amenaza clara para la seguridad mundial. Así lo han reconocido expresamente las Naciones Unidas. Todos estamos obligados por la Resolución 1441 del Consejo de Seguridad, aprobada por unanimidad. Desde entonces, en la Cumbre de la OTAN de Praga y en el Consejo Europeo de Copenhague, los europeos hemos reafirmado nuestro apoyo a la Resolución 1441, nuestro deseo de proseguir por el camino de la ONU y nuestro apoyo a su Consejo de Seguridad.

»Hemos enviado así un mensaje claro, firme e inequívoco de liberar al mundo del peligro que supone la posesión por parte de Saddam Hussein de armas de destrucción masiva. Debemos permanecer unidos insistiendo en el desarme del régimen iraquí. La solidaridad, cohesión y determinación de la comunidad internacional constituyen nuestra mejor esperanza de conseguirlo de forma pacífica. Nuestra fuerza está en la unidad.

»La combinación de armas de destrucción masiva y terrorismo supone una amenaza de consecuencias incalculables. Todos debemos sentirnos preocupados. La Resolución 1441 es la última oportunidad que tiene Saddam Hussein de desarmarse por medios pacíficos. En sus manos está impedir una confrontación mayor. Por desgracia, los inspectores de armas de la ONU han confirmado que Saddam Hussein sigue manteniendo la misma actitud de siempre: engaño, rechazo e incumplimiento de las Resoluciones del Consejo de Seguridad de la ONU.

»Europa no tiene nada en contra del pueblo iraquí. De hecho, es la primera víctima del actual régimen brutal. Nuestro objetivo es salvaguardar la paz y la seguridad mundial asegurando que este régimen entrega sus armas de destrucción masiva. Nuestros gobiernos comparten una misma responsabilidad: plantar cara a esta amenaza. Si no lo hacemos seremos negligentes con nuestros propios ciudadanos y con el mundo.

»La Carta de las Naciones Unidas encomienda al Consejo de Seguridad la tarea de preservar la paz y la seguridad internacionales. Para ello es esencial que el Consejo de Seguridad mantenga su credibilidad a través de la eficacia plena de sus Resoluciones. No podemos tolerar que un dictador viole sistemáticamente estas Resoluciones. Si éstas no se cumplen la credibilidad del Consejo desaparece y, por tanto, la paz mundial se verá afectada. Estamos convencidos de que el Consejo de Seguridad sabrá hacer frente a sus responsabilidades».

A «La Carta de los ocho», entre cuyos firmantes estaban los Jefes de Estado o de Gobierno de tres países de la antigua Europa del Este, en esos momentos como sabemos ya miembros de la OTAN pero todavía aspirantes a la integración en la Unión Europea — el Primer Ministro húngaro, Peter Medgyessy; el Primer Ministro polaco, Leszek Miller; y el Presidente de la República Checa, Vaclac Havel —, siguió el 5 de febrero de ese mismo año otro documento — denominado «La Carta de los diez» o del «Grupo de Vilna» por el protagonismo lituano en su gestación — también de inequívoco carácter atlantista y comprometido en la crisis de Irak con los Estados Unidos y sus aliados. Sus firmantes eran, en este caso, los restantes países de la Europa Central, Suroriental, Báltica y Balcánica que aspiraban en estos momentos a integrarse en la Unión Europea y en la OTAN: Albania, Bulgaria, Croacia, Estonia, Letonia, Lituania, Macedonia, Rumania, Eslovaquia y Eslovenia. La actuación conjunta de los antiguos países del Este, y ahora — en libertad — europeístas y atlantistas convencidos, además de

firmes aliados de Estados Unidos, dejó en evidencia a la pareja franco-
-alemana, y especialmente desafortunado y destemplado estuvo el Presidente de la República Francesa, Chirac, cuando espetó a los países del Este firmantes de ambos documentos contrarios a su posición aquello de «mejor se hubieran callado»: sin lugar a dudas toda una amenaza velada, teniendo en cuenta que todavía se trataba de candidatos a la integración en la Unión Europea. Las palabras insidiosas del máximo mandatario francés contra los países de la Europa Central, Suroriental, Báltica y Balcánica se descalificaban por sí mismas, pero tuvieron respuesta clara por parte de un intelectual del Este comprometido con el europeísmo y el atlantismo, el historiador polaco, antiguo dirigente de Solidaridad y en esos momentos director de periódico *Gazeta Wyborcza*, Adam Michnic. Éste, en una entrevista publicada por el periódico español *ABC* (el 5 de abril de 2003), afirmaba sin ambages que «Europa sin Estados Unidos sería un continente menos estable y seguro» y que la actuación de los Estados Unidos contra el terrorismo en general y contra Saddam Hussein en particular es «una causa justa».

Ante la actitud desafiante de Saddam Hussein a todo tipo de advertencias de la ONU y de la comunidad internacional en su conjunto, el 16 de marzo de 2003 se reunían en la base militar de Lajes, en la isla Terceira del archipiélago portugués de las Azores, invitados por el Primer Ministro de Portugal, José Manuel Durao Barroso, el Presidente de los Estados Unidos, George W. Bush, el Primer Ministro del Reino Unido, Tony Blair, y el Presidente del Gobierno de España. José María Aznar. En medio del Atlántico, el Presidente Bush, lanzó con el respaldo de sus aliados el ultimátum al dictador iraquí para que se desarme o abandone Irak si quiere evitar la intervención militar internacional. Para los dignatarios reunidos en las Azores, después de meses de trabajo infructuoso en el seno del Consejo de Seguridad, era la última oportunidad que se le ofrecía a Saddam Hussein para acatar la Resolución 1441, aprobada por unanimidad en el Consejo de Seguridad, y en la que se le advierte al dictador iraquí con graves consecuencias en caso de incumplimiento; si esto último ocurriera, los Estados Unidos y sus aliados obligarían por la fuerza al Saddam Hussein a «capitular» y a abandonar el poder. Al mismo tiempo, Estados Unidos y sus aliados suscribieron en las Azores la declaración «Un proyecto para Irak y para el pueblo iraquí», ante el que asumen el compromiso ineludible de «ayudarle a construir un nuevo Irak, en paz consigo mismo y con sus vecinos»; del encuentro de las Azores salió también una segunda declaración: «El compromiso con la solidaridad transatlántica». Con estas dos declaraciones se reafirmaba la alianza entre Estados Unidos y sus aliados europeos — además del Reino Unido, España y Portugal, participantes en la cumbre de las Azores, Italia,

Dinamarca, Holanda y Polonia suscribieron inmediatamente dichos documentos — y, al mismo tiempo, se situaba a la ONU y a la comunidad internacional ante la «hora de la verdad» con respecto a la crisis de Irak. Pero después de la cumbre de las Azores, todo parecía indicar que Saddam Hussein no estaba dispuesto a dejar el poder por propia voluntad, motivo por el cual la intervención militar de Estados Unidos y el Reino Unido era inevitable. El lunes 17 de marzo de 2003, en el discurso a la nación del Presidente Bush quedó muy claro que a estas alturas la única opción que ya le quedaba al tirano iraquí para evitar la intervención militar de Estados Unidos y sus aliados era el exilio: el plazo, cuarenta y ocho horas. En su discurso el presidente de Estados Unidos habló del derecho a atacar para salvaguardar su propia seguridad nacional y la de sus aliados, con el fin de extirpar la lacra del terrorismo y terminar definitivamente con el régimen agresivo en el exterior y genocida en el interior de Saddam Hussein. Al mismo tiempo, el Presidente Bush afirmaba creer en la «misión de las Naciones Unidas» ya que «una razón por la cual fue fundada la ONU después de la Segunda Guerra Mundial fue para confrontar a los dictadores hostiles de manera activa y temprana, antes de que pudieran atacar a inocentes y destruir la paz. De acuerdo con las resoluciones 678 y 687, ambas aún vigentes, Estados Unidos y sus aliados están autorizados para utilizar la fuerza y despojar a Irak de sus armas de destrucción masiva». Ante el comienzo inminente de la campaña bélica para terminar con el régimen de Saddam Hussein, el Secretario de Estado, Colin Powell, informó que Estados Unidos había logrado formar una coalición de al menos cuarenta y cinco naciones[7] — entre ellas, claro está, las firmantes de «La Carta de los ocho» y «La Carta de los diez» — que apoyaban militar y económicamente la actuación armada, así como la posterior acción de la comunidad internacional para ayudar al desarrollo económico y normalización política y social del país. Con el discurso del Presidente Bush, así como con las intervenciones parlamentarias del Primer Ministro británico, Blair, y del Presidente del Gobierno español, Aznar, se cerró de manera inequívoca el debate previo al conflicto para dar paso al inicio de las hostilidades. Ante la falta de respuesta positiva al ultimátum de Estados Unidos y sus aliados por parte del

---

[7] Reino Unido, Australia, España, Portugal, Italia, Holanda, Dinamarca, Turquía, Japón, Corea del Sur, Filipinas, Polonia, República Checa, Hungría, Eslovaquia, Bulgaria, Rumania, Estonia, Letonia, Lituania, Croacia, Macedonia, Albania, Ucrania, Azerbaiyán, Georgia, Uzbequistán, Afganistán, Jordania, Kuwait, Arabia Saudí, Qatar, Bahrein, Colombia, El Salvador, Nicaragua, etc.

régimen *baazista* iraquí, en la madrugada del 20 de marzo de 2003 comenzó en Irak la acción militar — «Operación Libertad Iraquí» — protagonizada por estadounidenses y británicos para terminar con la tiranía genocida de Saddam Hussein: la tercera guerra del Golfo había comenzado. Una acción militar, que en palabras del Presidente Bush en su discurso a la nación y a sus aliados, tenía como objetivo fundamental desalojar del poder a Saddam Hussein. Teniendo en cuenta que el 1 de mayo de 2003 se dieron por concluidas formalmente las principales operaciones militares que habían terminado con el régimen genocida de Saddam Hussein, y como deseaban Estados Unidos y sus aliados, finalmente el Consejo de Seguridad de Naciones Unidas dio su visto bueno el 22 de mayo a la Resolución 1483 — auspiciada por Estados Unidos, Reino Unido y España — que ponía fin a las sanciones a Irak por la invasión de Kuwait, clausuraba el programa «Petróleo por alimentos» y suponía además el reconocimiento por la ONU de la autoridad y responsabilidades de las tropas de Estados Unidos y el Reino Unido como potencias garantes de la rehabilitación del país una vez expulsado del poder el régimen tiránico de Saddam Hussein, por ello mismo la Resolución resaltaba el derecho de los iraquíes a «determinar libremente su propio futuro político y el control de sus recursos naturales».[8] Ante la evolución de los acontecimientos, y la situación especial por la que pasaban las relaciones euroatlánticas, el 29 de noviembre de 2003, en el momento de establecer las pautas relativas a la política de defensa europea común, los quince miembros de la Unión y los diez candidatos aprobaron el texto del protocolo anexo al proyecto de Constitución europea, «conscientes de que se traspasa una nueva etapa en el desarrollo de la política europea de seguridad y defensa» y obligados a disponer, en 2007 a más tardar, de «unidades de combate destinadas a las misiones comprometidas, configuradas sobre el plan táctico como una formación de combate con elementos de apoyo, incluidos el transporte y la logística». El texto contiene numerosas referencias a la OTAN con el fin de tranquilizar a Estados Unidos; en efecto, el

---

[8] Un año después, el Consejo de Seguridad de Naciones Unidas aprobaba por unanimidad la Resolución 1546, de 8 de junio de 2004, avalada por Estados Unidos y Reino Unido para respaldar al Gobierno provisional iraquí y autorizar la permanencia en Irak de una fuerza multinacional (tal como se indicaba ya en la Resolución 1511) desde el 1 de julio de 2004, y cuya actuación deberá concluir cuando se complete el proceso político en marcha, es decir, en el momento de la elección del Gobierno constitucional que tendrá lugar previsiblemente al terminar el año 2005 o en los primeros meses del 2006.

acuerdo alcanzado hubo de superar las reticencias norteamericanas — y en buena medida británicas — que interpretaban el nacimiento de una «Europa de la Defensa» como un debilitamiento de las estructuras militares atlánticas, de ahí que el compromiso tendrá que concretarse en la práctica «conforme a los suscritos en el seno de la OTAN, que siguen siendo el fundamento de su defensa colectiva». En todo caso, y sin que ello amenazara la vigencia del vínculo euroatlántico, la importancia simbólica de la autonomía europea en defensa es evidente pues robustece su peso político y diplomático en el mundo, completamente supeditado hasta entonces a la acción exterior norteamericana. Así las cosas, en su discurso de despedida como Secretario General de la OTAN en enero de 2004, George Robertson recordó las vicisitudes de la Organización durante la crisis de Irak y animó a su sucesor, el holandés Jaap de Hoop Scheffer, a privilegiar las relaciones con los Estados Unidos. Los logros alcanzados en Europa después de la Segunda Guerra Mundial en virtud de los vínculos euroatlánticos firmemente fraguados a lo largo de casi seis décadas obligan a perseverar en una colaboración fructífera no sólo, para ambas partes sino para todo el mundo, en un momento que se presenta de crucial importancia para el futuro de la humanidad. A lo anterior se sumaron con entusiasmo los países de la antigua Europa del Este que a principios de abril de 2004 formalizaron su incorporación a la OTAN, dando lugar a la Alianza de los 26. En efecto, en consonancia con las aspiraciones del nuevo Secretario General de la Organización, De Hoop Scheffer, presentadas en la Cumbre de la ampliación, para Bulgaria, Rumania, Eslovaquia, Eslovenia, Estonia, Letonia y Lituania, lo esencial a comienzos del nuevo siglo era cerrar filas y potenciar el vínculo euroatlántico con los Estados Unidos como mejor garantía.

Referencias bibliográficas

BARBÉ, Esther (ed.), *¿Existe una brecha transatlántica? Estados Unidos y la Unión Europea tras la crisis de Irak*, Madrid, Los Libros de la Catarata, 2005

BENEYTO, José María, MARTÍN DE LA GUARDIA, Ricardo y PÉREZ SÁNCHEZ, Guillermo Á. (Dirs.), *Europa y Estados Unidos. Una historia de la relación atlántica en los últimos cien años*, Madrid, Biblioteca Nueva, 2005

CARACUEL RAYA, María Angustias, «Europa Centro-Oriental y Euroasia», *Cuadernos de Estrategia*, n.º 117 — *Panorama Estratégico 2001-2002* —, Madrid, Ministerio de Defensa. Instituto Español de Estudios Estratégicos, 2002

CRUZ FERRER, Juan de la y CANO MONTEJANO, José Carlos (Coords.), *Rumbo a Europa. La ampliación al Este de la Unión Europea: repercusiones para España*, Madrid, Dykinson, 2002

DAVID, Dominique, *Conflits, Puissances et Stratégies en Europe. Le dégel d'un continent*, Bruxelles, Bruylant, 1992

DAWSON, Andrew H. and FAWN, Rick (Eds.), *The Changing Geopolitics of Eastern Europe*, London, Frank Cass, 2002

DELOIRE, Philippe, *Vers l'Europe des 30. Le processus d'élargissement de l'Union Européenne*, Paris, Gualino Éditeur, 1998

Élargissement de l'Union Européenne. Résultats et défis, — Rapport de Wim Kok à la Commission européenne (26 mars 2003) —, Institut Universitaire Européen. Robert Schuman Centre for Advanced Studies

HENRIKKI HEIKKA *Beyond the Cult of the Offensive. The Evolution of Soviet/Russian Strategic Culture and its Implications for the Nordic-Baltic Region*, Helsinki, Ulkopoliittinen Instituutti, 2000

KOSTECKI, W., ZUKROWSKA, K. y GORALCZYK, B. (Eds.), *Transformations of Post-Communist States*, Houndmills, Macmillan Pres, 2000

KRENZLER, Horst Günter, *The European Defense and Security Policy and EU Enlargement to Eastern Europe*, Florence, European University Institute, 2001 [Policy Papers, RSC, n.° 01/1]

LEWIS, David W.P. and LEPESANT, Gilles (Eds.), *What Security for which Europe? Case Studies from the Baltic to the Black Sea*, New York, Peter Lang, 1999

MARTÍN DE LA GUARDIA, Ricardo y PÉREZ SÁNCHEZ, Guillermo Á. (Coords.), *El sueño quedó lejos. Crisis y cambios en el mundo actual*, Valladolid, Universidad de Valladolid, 1993

MARTÍN DE LA GUARDIA, Ricardo y PÉREZ SÁNCHEZ, Guillermo Á., *La Unión Soviética: de la* perestroika *a la desintegración*, Madrid, Istmo, 1995

MARTÍN DE LA GUARDIA, Ricardo y PÉREZ SÁNCHEZ, Guillermo Á., *La Europa del Este, de 1945 a nuestros días*, Madrid, Síntesis, 1995

MARTÍN DE LA GUARDIA, Ricardo y PÉREZ SÁNCHEZ, Guillermo Á., *La Europa Balcánica. Yugoslavia, desde la Segunda Guerra Mundial hasta nuestros días*, Madrid, Síntesis, 1997

MARTÍN DE LA GUARDIA, Ricardo y PÉREZ SÁNCHEZ, Guillermo Á. (Eds.), *Los países de la antigua Europa del Este y España ante la ampliación de la Unión Europea*, Valladolid, Instituto de Estudios Europeos de la Universidad de Valladolid, 2001

MARTÍN DE LA GUARDIA, Ricardo y PÉREZ SÁNCHEZ, Guillermo Á. (Coords.), *Historia de la integración europea*, Barcelona, Ariel, 2001

MARTÍN DE LA GUARDIA, Ricardo y PÉREZ SÁNCHEZ, Guillermo Á. (Coords.), *La Europa del Este. Del Telón de Acero a la integración en la Unión Europea*, Madrid, Biblioteca Nueva, 2002

PARK, William and REES, Wyn (Eds.), *Rethinking Security in Post-Cold War Europe*, London, Longman, 1998

PEREIRA, Juan Carlos (Coord.), *Historia de las relaciones internacionales contemporáneas*, Barcelona, Ariel, 2001

PÉREZ SÁNCHEZ, Guillermo Á., «El "retorno a Europa" de los Países Bálticos: de la ruptura con la URSS a la integración en la Unión Europea y la Alianza Atlántica del siglo XXI», *Pasado y Memoria. Revista de Historia Contemporánea*, n.º 3 (2004), pp. 233-252

PÉREZ SÁNCHEZ, Guillermo Á., «Los Países de la Europa del Este y Báltica y el camino hacia la integración en la Unión Europea del siglo XXI», en MARTÍN DE LA GUARDIA, Ricardo y PÉREZ SÁNCHEZ, Guillermo Á. (Coords.), *En los inicios del siglo XXI: una mirada histórica a España, Europa y el Mundo Actual*, Burgos, Universidad Popular para la Educación y Cultura, 2006, pp. 49-77

SMITH, Martin A., *NATO in the first Decade after the Cold War*, Dordrecht, Kluwer Academic Publishers, 2000

SMITH, Martin A. and TIMMINS, Grahan, *Uncertain Europe. Building a New European Security Order?*, London, Routledge, 2001

SPILLMANN, Kurt R. y WENGER, Andreas (eds.), *Towards the 21st Century: Trends in Post-Cold War International Security Policy*, Bonn, Peter Lang, 1999

WILLIAMS, A.J. (ed.), *Reorganizing Eastern Europe: European Institutions and the Refashioning of Europe's Security Architecture*, Aldershot, Dartmouth, 1994

Ricardo Martín de la Guardia

Europa, Estados Unidos y la nueva Agenda Transatlántica ante los retos internacionales de la década de los noventa

Universidad de Valladolid

Ricardo Martín de la Guardia é Professor Catedrático de História Contemporânea da Universidade de Valladolid e Membro do Instituto de Estudios Europeos da Universidade de Valladolid. É autor, entre outras, das seguintes publicações: *Crisis y desintegración de la Unión Soviética*, Barcelona, Ariel, 1999; *La Unión Europea y España*, Madrid, Actas, 2002; *Europa y Estados Unidos. Historia de la relación atlántica en los últimos cien años* (coord.), Madrid, Biblioteca Nueva, 2005.

De la Declaración a la Nueva Agenda

El 22 de noviembre de 1990 fue una fecha clave para las relaciones entre las Comunidades Europeas y los Estados Unidos. Aquel día se firmó la Declaración Transatlántica, documento político de indudable peso en la creación de un marco estable definidor de los ejes futuros de actuación conjunta entre ambas partes.[1] El momento era especialmente delicado en las relaciones mutuas dado el reto al que debían enfrentarse: la caída de las dictaduras comunistas en el Este de Europa justo cuando las Comunidades parecían avanzar de forma decidida en la integración monetaria y en el diseño de una Política Exterior y de Seguridad Común.[2]

En sintonía con la actitud comunitaria de avalar las transiciones iniciadas en la Europa Centrooriental, la Declaración establecía como objetivo conjunto la promoción de los valores democráticos, el libre mercado y la defensa de la paz y de los Derechos Humanos. Además, y en estrecha relación con estas consideraciones de índole general, la Declaración subrayaba la importancia del trabajo coordinado para derrotar al terrorismo internacional así como poner coto al tráfico de armas y de drogas y terminar con los negocios ilegales. En otro orden de cosas, los firmantes sellaban su compromiso de cumplir los acuerdos de la OCDE y el GATT, fortalecer el desarrollo de la educación y la ciencia y proteger el medio ambiente.[3]

---

[1] Un repaso de los cambios en las relaciones políticas entre ambas partes desde los años cincuenta se encuentra en FEATHERSTONE, Kevin y GINSBERG, Roy H., *The United States and the European Union in the 1990s. Partners in Transition*, Londres, Macmillan Press, 1996, pp. 77-113.

[2] Para una aguda reflexión sobre la ampliación de la Unión y la Política Exterior y de Seguridad Común, *vid*. SJURSEN, Helene, "Enlargement and the Common Foreign Security Policy: Transforming the EU's External Identity?", en HENDERSON, Karen (ed.), *Back to Europe. Central and Eastern Europe and the European Union*, Londres, UCL Press, 1999, pp. 37-51.

[3] "En cuanto al marco institucional que se estableció en 1990, y que ha pervivido hasta la fecha sin grandes modificaciones, hay que destacar en primer lugar el establecimiento de dos reuniones anuales entre el Presidente de los Estados Unidos de un lado y el Presidente del Consejo Europeo junto con el Presidente de la Comisión, del otro. Actualmente asiste también el Alto Representante para la PESC. El siguiente escalón está representado por dos reuniones anuales entre los ministros de Asuntos Exteriores de los socios, la Comisión y el Secretario de Estado norteamericano. Conviene adelantar que a esta estructura diseñada en 1990 se añadió en 1995 el Grupo de Alto Nivel (GAN), configurado como un órgano de seguimiento horizontal para asegurar la coherencia entre los distintos aspectos de las relaciones entre la UE y Estados Unidos, así

Un paso adelante en el desarrollo de la Declaración fue la aprobación en la Cumbre Unión Europea-Estados Unidos, celebrada en Madrid en diciembre de 1995, de la Nueva Agenda Transatlántica (NAT) y el Plan de Acción Conjunta. Tanto en su espíritu como en su contenido la Agenda venía a certificar el final del orden internacional de la Guerra Fría y a reconocer el nuevo mapa europeo tras comprobar con satisfacción cómo los antiguos países sovietizados estaban resolviendo sus procesos de transición y consolidación democráticas. Comercio y seguridad constituían las cuestiones básicas sobre las que girarían las cuatro líneas de actuación futura: 1) promoción de la paz, la estabilidad, la democracia y el desarrollo en el mundo; 2) los retos transnacionales; 3) contribución al fortalecimiento del comercio internacional; 4) construcción de vínculos más sólidos entre las dos partes.

La Nueva Agenda Transatlántica no era un acuerdo vinculante. Los socios atlantistas optaron por un marco de relación más amplio; así, en principio, se evitaba crear grandes expectativas que, de no ser cumplidas de inmediato, pudieran dañar seriamente la viabilidad del proyecto. Por su parte, el Plan de Acción Conjunta esgrimía tres grandes retos: en primer lugar, la defensa a ultranza de la democracia, el Estado de Derecho, la estabilidad y la seguridad en el mundo; un segundo capítulo incluía la lucha contra el tráfico de drogas, la emigración ilegal y el terrorismo. Por último, el Plan pretendía convertir el ámbito atlántico en un puente privilegiado para mejorar las relaciones con otras áreas geográficas.

La coordinación entre las administraciones de la Unión Europea y de Norteamérica para hacer realidad la NAT ha sido una de las piezas clave de sus relaciones. Pascaline Winand ha descrito con acierto su mecanismo de funcionamiento:

> El Grupo de Alto Nivel y el Grupo de Trabajo de la NAT han ayudado a hacer más fluidas las cumbres celebradas entre los EE.UU. y la UE, convirtiéndolas así en ejercicios más eficaces que aquéllos del pasado. El Grupo de Alto Nivel, que se reúne dos o tres veces por semestre en Bruselas o en Washington, prepara ahora los informes que

---

como para preparar las Cumbres y hacer un seguimiento de sus objetivos". CARRIÓN RAMÍREZ, Berta; BECERRIL ATIENZA, Belén y CARTAGENA NÚÑEZ, Ignacio, "Las relaciones institucionales entre la Unión Europea y los Estados Unidos en nuestros días: análisis de la Nueva Agenda Transatlántica", en BENEYTO, José Mª; MARTÍN DE LA GUARDIA, R. y PÉREZ SÁNCHEZ, G. Á. (dirs.), *Europa y Estados Unidos. Una historia de la relación atlántica en los últimos cien años*, Madrid, Biblioteca Nueva, 2005, p. 300.

deben aprobar los líderes de las cumbres. Estos informes están divididos en dos partes: una evaluación de los seis meses pasados y las "nuevas prioridades" que dirigirán el trabajo de la NAT de los próximos seis meses. Los funcionarios de los EE.UU. y de la UE y la Dirección General de Relaciones Exteriores de la Comunidad Europea, encargados todos ellos de preparar el Grupo de Trabajo de la NAT, desempeñan un papel central.[4]

Ciertamente, la ampliación y fortalecimiento de las relaciones entre las dos orillas del Atlántico nos ofrece la mejor cara de la moneda. Para tratar cuestiones específicas otros organismos han sumado sus fuerzas a quienes se encargaban tradicionalmente de mantener los vínculos entre Estados Unidos y la Unión Europea. Así, por poner sólo dos ejemplos, la Dirección General de Empresa y la Dirección General de Empleo y Asuntos Sociales de la Comisión Europea comenzaron en 1995 a estrechar vínculos con sus homólogos estadounidenses, el Director General del Servicio de Comercio y el Departamento de Trabajo.

Como nuestro interés reside en analizar las regiones más conflictivas ante las cuales hubieron de responder con distintas medidas los Estados Unidos y la Europa Comunitaria – algunas de aquéllas definidas como prioritarias por el documento – repasaremos brevemente los tres últimos puntos citados de la NAT antes de entrar en el grueso de nuestra aportación.

1. En relación con los retos transnacionales, la Nueva Agenda centraba su atención a su vez en tres focos principales: la lucha contra el terrorismo y, en general, contra los delitos cometidos por bandas internacionales; la cooperación en defensa del medio ambiente y la protección contra enfermedades contagiosas. Especial atención nos merece el primer capítulo por entrar de lleno en una de las cuestiones candentes en la década de los noventa y al inicio del nuevo siglo: el terrorismo sin fronteras. Cuestión escurridiza y enormemente compleja, los avances para desarrollar una acción conjunta fueron muy lentos hasta que en diciembre de 2000 representantes de la Unión Europea y Estados Unidos firmaron en Palermo una "Convención de Naciones Unidas Contra el Crimen Organizado Transnacional", marco dentro del cual se desarrollaría la cooperación en investigación y extradiciones. Los atentados del 11 de septiembre de 2001 impulsa-

---

[4] *Las relaciones entre la Unión Europea y los Estados Unidos. La Nueva Agenda Transatlántica*, Lima, Instituto de Estudios Europeos de la Pontificia Universidad Católica del Perú, 2001, pp. 15-16.

ron una colaboración antiterrorista mucho mayor cuyos frutos concretos fueron la aprobación por los jefes de Estado y de Gobierno de la Unión, el 21 de septiembre de ese mismo año de 2001, de un "Plan de Acción Contra el Terrorismo", considerado prioritario desde el primer momento; y en diciembre, la firma de un acuerdo de ayuda mutua entre los Estados Unidos y la Europol. Nos detendremos sobre este tipo de colaboración cuando tratemos de las zonas conflictivas del planeta.[5]

En otro orden de cosas, el medio ambiente ha sido motivo de constante preocupación y disensiones entre los socios euroatlánticos. Tras la firma de la Nueva Agenda las posiciones no se han acercado: mientras los países europeos, en general, ratificaban el Protocolo de Kyoto en diciembre de 1997, con el fin de estabilizar las concentraciones de gas invernadero en la atmósfera, Estados Unidos no lo hacía alegando la necesidad de estudios más pormenorizados y profundos, desencuentro que continuó después de la llegada de George W. Bush a la presidencia nortemericana.

2. En cuanto a las relaciones comerciales entre los Estados Unidos y Europa, la NAT no hizo sino contribuir a clarificar, mediante la creación de un "mercado transatlántico", el marco en el que se desarrollaban tradicionalmente. El volumen de exportaciones e importaciones es verdaderamente espectacular. A finales de los años noventa los intercambios constituían el 37% del comercio mundial de bienes y el 45% del correspondiente a servicios. Los vínculos se estrecharon todavía más después de la Cumbre de Londres celebrada en mayo de 1998, de cuyas deliberaciones nació la Asociación Económica, instrumento de actuación conjunta para lograr mayor coordinación a la hora de redactar los reglamentos comerciales de cada país. La cuestión resultaba de importancia capital, sobre todo para las pequeñas y medianas empresas, que con frecuencia tenían multitud de problemas para realizar sus intercambios, dadas las enormes diferencias reglamentarias existentes en muchos casos.

3. El objetivo de la construcción de puentes sobre el Atlántico[6] era fomentar el diálogo entre parlamentarios norteamericanos y comunitarios,

---

[5] Sobre esta cuestión son interesantes las consideraciones realizadas por el ex Ministro de Defensa y Vicepresidente de la Asociación Atlántica Española, GARCÍA VARGAS, Julián, "Seguridad en el mundo tras el 11 de septiembre", en ALMUIÑA, Celso (coord.), *El 11 de septiembre que cambió nuestro mundo*, Valladolid, Secretariado de Publicaciones de la Universidad, 2003, pp. 127-153.

[6] CARRIÓN RAMÍREZ, Berta; BECERRIL ATIENZA, Belén y CARTAGENA NÚÑEZ, Ignacio, "Las relaciones institucionales...", art. cit., pp. 319-21.

así como influir en las respectivas opiniones públicas para resaltar entre la población la trascendencia de la Nueva Agenda. En definitiva, se trata de fortalecer las relaciones entre la sociedad civil, un paso más allá del meramente institucional. Se han llevado a cabo reuniones bajo el formato de "Diálogos" sobre Negocios (1995), Empleo (1997), Consumidores (1998) y Medio Ambiente (1999). Pensado para facilitar este acercamiento entre los ciudadanos, en 1995 Estados Unidos y la Unión Europea firmaron un Acuerdo sobre Enseñanza Superior y Formación Profesional, renovado en 2000, con el fin de financiar programas de becas, proyectos tecnológicos e intercambio de alumnos y profesores, entre otras actividades.

Europa y Estados Unidos ante el final del sistema soviético de dominación

La rápida descomposición de la Unión Soviética y del sistema del socialismo real en Europa, punto y final de la Guerra Fría, abría una vía de entendimiento a los Estados Unidos, la Europa Comunitaria y las antiguas democracias populares para afrontar los importantes retos de futuro en un mundo convulso. Ante la necesidad de dar una respuesta coordinada a la solicitud de apoyo de todo tipo a las transiciones en marcha en lo que hasta hacía poco había sido el otro lado del Telón de Acero, el fortalecimiento de las relaciones euronorteamericanas sirvió para limar asperezas previas, heredadas de la presidencia Reagan.

A comienzos de la década de los noventa las autoridades comunitarias, con el beneplácito estadounidense, procedieron sistemáticamente a firmar Acuerdos de Asociación con Polonia, Hungría, Checoslovaquia (luego con la República Checa y Eslovaquia), Rumania, Bulgaria e incluso con nuevos estados independientes procedentes de la antigua URSS (Letonia, Lituania y Estonia) y de la ex Yugoslavia (Eslovenia). Cuatro principios regían su articulado: el libre comercio, la ayuda económica y financiera, la cooperación científica y técnica y la creación de foros permanentes para el diálogo político. Sin duda, el marco establecido por la Unión demostraba la voluntad comunitaria de integrar a estos países bajo el paraguas de la demo-

---

[7] Sobre las dificultades del proceso, *vid*. PIETRI, Nicole, "Les difficultés présentes de l'élargissement de l'Union Europeénne à l'Est", en RIBEIRO, Mª Manuela Tavares (coord.), *Olhares sobre a Europa*, Coimbra, Quarteto, 2002, pp. 36-50; PALACIOS, José Miguel y ARANA, Paloma, "Consolidación democrática e integración

cracia pluripartidista, el Estado de Derecho y la economía de mercado con vistas a una previsible integración plena aunque, por supuesto, sin determinar fechas.[7] Finalmente, en el Consejo Europeo de Luxemburgo de diciembre de 1997, los incuestionables avances en el proceso de consolidación democrática de toda el área tuvieron su respuesta en el visto bueno para el comienzo de las negociaciones de adhesión, que culminaron cuando el Consejo Europeo de Copenhague celebrado en diciembre de 2002 anunció que en 2004 se incorporarían a la Unión diez nuevos países.[8]

Los Estados Unidos favorecieron este proceso mediante aportes económicos para impulsar las transiciones y promoviendo contactos en materia de seguridad: un primer hito importante fue la inclusión de estos países en el Consejo de Cooperación Noratlántico a partir de 1995, paso previo en el estrechamiento de sus vínculos con la OTAN. En realidad, la apuesta de la administración demócrata de Clinton (que llegó a la presidencia en 1993, prácticamente en los momentos aurorales de las transiciones a la democracia en el Este de Europa) por un "wilsonismo práctico", proclive al robustecimiento y expansión de los valores democráticos en el mundo y a la reducción de la tensión internacional en las áreas más conflictivas, se acomodaba muy bien a los intereses de los gobiernos elegidos libremente en aquellos primeros años de la década de los noventa. Con el fin de lograr estos objetivos, el Gobierno norteamericano no desatendió las relaciones con su antiguo enemigo, la Federación Rusa, sucesora formal de la Unión Soviética. Una hábil combinación de firmeza en sus principios y contribución económica muy bien recibida en las deterioradas arcas de la otrora potencia mundial obtuvo como resultado un clima de entendimiento y buena relación que, en sintonía con los intereses eurooccidentales, condujo incluso a la formación en 1997 de un Consejo Permanente Conjunto entre la OTAN y Rusia, sustituido cinco años después por el Consejo del Atlántico Norte--Rusia.[9] Por su parte, los países del extinto Pacto de Varsovia habían mostrado desde el inicio mismo de sus transiciones la voluntad de integrarse en la OTAN: con la anuencia de Rusia, en marzo de 1999 Polonia, Hungría y

---

internacional: el caso de la Europa del Este", *Cuadernos Constitucionales de la Cátedra Fadrique Furió Ceriol*, n.º 43/44 (2003), pp. 149-163.

[8] Concretamente, Hungría, Polonia, República Checa, Eslovaquia, Eslovenia, Estonia, Letonia, Lituania, Malta y Chipre. La adhesión de Bulgaria y Rumania quedaba pendiente hasta 2007, de cumplir éstas los requisitos exigidos.

[9] *Vid.* Pozo, Gonzalo, "La paz fría. Rusia y la OTAN entre 1991 y 2001", *Cuadernos Constitucionales de la Cátedra Fadrique Furió Ceriol*, n.º 45/46 (2004), pp. 145-160.

la República Checa ingresaron en ella. La cumbre de la Alianza celebrada en Praga en noviembre de 2002 decidió aprobar la incorporación en 2004 de los restantes países de la zona, incluidas las tres repúblicas bálticas ex soviéticas: Eslovaquia, Eslovenia, Rumania, Bulgaria, Letonia, Estonia y Lituania.[10]

Al mismo tiempo mejoraba también el entendimiento entre la Unión Europea y la Federación Rusa, como demostró la reunión mantenida el 29 de mayo de 2002 al avenirse ambas partes a impulsar la colaboración de fuerzas policiales en la lucha contra el terrorismo, el narcotráfico, el tráfico ilegal de personas y el crimen organizado en general. Dentro de esta atmósfera de colaboración[11] cobraron plena actualidad algunas de las ideas expuestas ya hacía tiempo por el Presidente de la República Checa Vaclav Havel, según quien la Alianza Atlántica estaba llamada a exportar seguridad, sobre todo a la nueva frontera oriental, hecho que debía ser entendido por sus vecinos — la Federación Rusa, Bielorrusia y Ucrania — como la mejor manera de fomentar la paz y la estabilidad en el Viejo Continente.[12] Por todo ello, invertir en seguridad para eliminar las acciones terroristas, en especial después del 11 de septiembre de 2001, pasó a ser para todos un objetivo principal; concretamente, la lucha contra el terrorismo se convirtió en uno de los ejes centrales de la política exterior comunitaria.

En definitiva, la Unión Europea y los Estados Unidos han desempeñado un papel de trascendencia histórica al apostar por la incorporación progresiva de la Europa Centrooriental y Báltica a la política defensiva europea y atlántica con el objetivo de romper el marco geoestratégico de la Guerra Fría, estabilizar las fronteras orientales y propiciar un clima de entendimiento con la Federación Rusa.

---

[10] *Vid.* BROWN, Michael E., "The United States, Western Europe and NATO Enlargement", en BURWELL, Frances G. y DAALDER, Ivo H. (eds.), *The United States and Europe in the Global Arena*, Londres, Macmillan Press, 1999, pp. 11-43.

[11] Sobre el fortalecimiento de relaciones, los problemas heredados y los retos para el futuro, *vid.* SERRA I MASSANSALVADOR, Francesc, "Rusia y la Unión Europea en la era Bush, un encuentro necesario", *Revista Valenciana d'Estudis Autonòmics*, n.° 43/44 (2004), pp. 248-270.

[12] *Vid.* MARTÍN DE LA GUARDIA, Ricardo, "Nuevas realidades geoestratégicas de una Unión Europea ampliada", en FLECHA ANDRÉS, José-Ramón y GARCÍA NICOLÁS, Cristina (coords.), *La nueva Unión Europea: retos y desafíos de la ampliación*, Salamanca, Publicaciones de la Universidad Pontificia, 2004, pp. 55-68.

Europa y Estados Unidos ante las guerras en la antigua Yugoslavia

Las nuevas relaciones entre Rusia y Estados Unidos afrontaron una prueba de fuego en la nueva crisis balcánica ocasionada por la guerra de Bosnia-Hercegovina, en cuya resolución había fracasado la Unión Europea al ser incapaz de conciliar las distintas e incluso opuestas políticas exteriores de los estados miembros.[13] Entre las diversas posibilidades manejadas por los analistas estadounidenses, el Presidente Clinton optó por la denominada "acción militar selectiva" a cargo de la OTAN.

Iniciado en 1991, el conflicto bélico de la antigua Yugoslavia entró en su última fase a mediados de 1995. A finales de agosto, tras un nuevo ataque serbio contra Sarajevo, la OTAN comenzó a bombardear de forma continuada las restantes posiciones serbo-bosnias, cuyo potencial bélico acabó por reducir a la mínima expresión. Los reveses sufridos obligaron a los serbios de Bosnia-Hercegovina a aceptar las premisas negociadoras impuestas por la comunidad internacional. Parecía el momento oportuno para retomar las conversaciones de paz tantas veces aplazadas.[14]

El Presidente estadounidense encargó a Richard Holbrooke la elaboración de un nuevo plan de paz para la antigua Yugoslavia. Con el apoyo de los restantes países del Grupo de Contacto, de la Unión Europea y de la ONU, Holbrooke logró convocar una conferencia de paz respaldada por los Presidentes de los tres Estados afectados: Milosevic, de Serbia; Tudjman, de Croacia; e Izetbegovic, de Bosnia-Herzegovina. El 8 de septiembre de 1995 tuvo lugar en Ginebra la primera fase de la Conferencia de Paz para la antigua Yugoslavia, en cuyas sesiones los ministros de Asuntos Exteriores de Serbia, Croacia y Bosnia-Hercegovina aprobaron un memorándum previo que estipulaba, entre otras cosas, que se mantendría la unidad estatal de Bosnia-Hercegovina, formada por dos entidades autónomas: la croato-musulmana y la serbo-bosnia. En la segunda fase de la Conferencia, celebrada el 26 de septiembre en Nueva York, quedaron ratificadas las bases del memorándum elaborado en Ginebra; se acordó, por otra parte, que termina-

---

[13] *Vid.* CHECA HIDALGO, Diego, "La acción exterior de la Unión Europea hacia los países de la antigua Yugoslavia", en *Cuadernos Constitucionales de la Cátedra Fadrique Furió Ceriol*, n.º 45/46 (2004), pp. 23-40.

[14] Para un resumen de la compleja situación en aquellos años, *vid.* GIRÓN, José, "La década de los noventa en la antigua Yugoslavia", en MARTÍN DE LA GUARDIA, Ricardo y PÉREZ SÁNCHEZ, Guillermo Á. (coords.), *La Europa del Este. Del Telón de Acero a la integración en la Unión Europea*, Madrid, Biblioteca Nueva, 2002, pp. 147-178.

rían tanto el asedio de los serbo-bosnios a Sarajevo como la ofensiva de los croato-musulmanes en el norte de Bosnia. Finalmente, se estableció la fecha de 12 de octubre para el alto el fuego efectivo entre todos los contendientes.

El 1 de noviembre de 1995 comenzó en Dayton la tercera y última fase de la Conferencia de Paz. En el proceso negociador participaron, por tanto, junto a los Presidentes de Bosnia-Hercegovina, de Croacia y de Serbia, ya citados, representantes del Grupo de Contacto, de la Unión Europea y de la ONU, además de la delegación estadounidense liderada por Holbrooke. Tres semanas de trabajos intinterrumpidos duraron las negociaciones hasta alcanzar el 21 de noviembre un acuerdo final aceptado por todas las partes.

El Acuerdo de Paz de Dayton, que ponía fin al más trágico conflicto sufrido en Europa en los últimos cincuenta años, fue ratificado en París el 14 de diciembre de 1995: la unidad estatal de Bosnia-Hercegovina, por precaria que fuera, quedaba restablecida. Más que cualquier otra cosa, el Acuerdo podía considerarse una gran oportunidad para terminar con la guerra en los Balcanes, con la esperanza añadida, tal como se especificaba en las líneas de actuación, de contribuir a la consolidación de "la paz, la justicia, la tolerancia y la reconciliación" de los pueblos yugoslavos.[15] El último gran esfuerzo de Estados Unidos para preservar la paz en Bosnia-Hercegovina fue el envío a la zona de un contingente militar supervisado por la OTAN dentro de un operativo de aplicación de los acuerdos.

Una vez apaciguada Bosnia estalló en Kosovo un conflicto incubado durante la primera mitad de la década de los noventa. El comportamiento autoritario de los serbios en la provincia había sido constantemente contestado por un amplio sector de los diputados de la Asamblea de Kosovo, suspendida en sus funciones a finales de junio de 1990. El 2 de julio, fecha del referéndum constitucional promovido por Slobodan Milosevic para consolidar la hegemonía serbia en la Federación Yugoslava, 114 de los 180 antiguos diputados kosovares tomaron la decisión de proclamar la independencia y aprobar la constitución de una «República Soberana Yugoslava de Kosovo». El gesto fue rechazado por las autoridades de Serbia, que procedieron el 5 de julio a disolver tanto la Asamblea como el gobierno kosovar.

Como era previsible, la situación siguió empeorando. Durante la segunda mitad de la década de 1990 comenzó a actuar el denominado "Ejér-

---

[15] Sobre la conculcación sistemática de los derechos humanos a lo largo del conflicto, *vid*. MARTÍN DE LA GUARDIA, Ricardo y PÉREZ SÁNCHEZ, Guillermo Á., "Derechos humanos y guerra en Bosnia-Hercegovina", *Cuadernos Constitucionales de la Cátedra Fadrique Ceriò Furiol*, n.° 26/27 (1999), pp. 293-308.

cito de Liberación de Kosovo" (*UCK*) a favor de la independencia. La reacción de la policía y ejército serbios consistió en lanzar una represión encarnizada contra los albanokosovares de la zona. Para evitar un nuevo episodio de limpieza étnica, Estados Unidos, Rusia, la Unión Europea y la OTAN, en nombre de la comunidad internacional, forzaron a serbios y albanokosovares a negociar el fin del conflicto. Las partes en disputa accedieron a reunirse, primero, del 6 al 23 de febrero de 1999 en la localidad francesa de Rambouillet, donde no llegaron a un acuerdo; y, poco tiempo después, del 15 al 19 de marzo del mismo año, en París, donde los términos del acuerdo citado fueron finalmente aceptados por los kosovares pero rechazados por los serbios.[16]

Ante el callejón sin salida al que habían conducido las negociaciones, Holbrooke se reunió el 22 de marzo de 1999 con el máximo dirigente serbio, Slobodan Milosevic, que despreció esta "última oportunidad", tal como la denominó la diplomacia. Al quedar zanjada la vía diplomática, en la tarde del 24 de marzo comenzó, sin el aval del Consejo de Seguridad de la ONU, la operación militar de la OTAN denominada "Fuerza Determinante" contra los intereses militares e industriales serbios, primero en Kosovo y a continuación en toda Serbia. El 10 de junio, bajo el control de la OTAN, comenzaron a retirarse de Kosovo las fuerzas armadas serbias. Dos días más tarde entró en acción la "Fuerza de Paz para Kosovo" (*KFOR*), autorizada por la Resolución 1.244 de 10 de junio de 1999 del Consejo de Seguridad de la ONU y que preveía el despliegue de hasta cincuenta mil soldados en la provincia kosovar, provisionalmente administrada por Naciones Unidas con apoyo militar internacional.[17]

La primera tarea de la Misión de la ONU (*UNIKOM*) con protección de la OTAN fue garantizar el retorno a sus hogares de los casi ochocientos mil kosovares desplazados durante el conflicto; más laboriosas se presentaban la reconstrucción material y la recuperación del tejido productivo que hicieran de Kosovo una sociedad desarrollada y moderna donde se respetasen los Derechos Humanos. Para lograr estos objetivos, la Unión Europea estableció en el Consejo Europeo de Colonia de junio de 1999 el denominado "Proceso de Asociación y Estabilización para los Balcanes

---

[16] *Vid.* VEIGA, Francisco, "Kosovo: claroscuros de un conflicto interminable", en GIRÓN, José (ed.), *La intervención de la OTAN en la República Federal de Yugoslavia*, Oviedo, Silverio Cañada Editor, 2002, pp. 17-56.

[17] TAIBO, Carlos, *Guerra en Kosova. Un estudio sobre la ingeniería del odio*, Madrid, Los Libros de la Catarata, 2001, pp. 115-135.

Occidentales", apoyado por los Estados Unidos. Como escribió el Presidente Clinton,

> Estamos en Kosovo con nuestros aliados para apoyar una Europa que queremos pacífica, unida y libre. Y estamos allí para combatir la mayor amenaza que aún queda contra ese ideal: la inestabilidad en los Balcanes, acrecentada por una cruel campaña de depuración étnica (...). La Unión Europea y los Estados Unidos deben hacer por la Europa Balcánica lo que hicimos por Europa Occidental después de la Segunda Guerra Mundial y por Europa del Este después de la Guerra Fría. La libertad, el respeto de los derechos de las minorías, junto con la prosperidad, son fuerzas poderosas para el progreso. Le dan al pueblo objetivos por que trabajar; elevan la esperanza sobre el miedo y el mañana sobre el ayer. Lo podemos lograr reconstruyendo las economías en dificultades, alentando el comercio y la inversión, y ayudando a las naciones de la zona a unirse a la OTAN y a la Unión Europea.[18]

La determinación estadounidense, apoyada en la eficacia militar de la OTAN, resultó esencial para poner fin al conflicto de Kosovo y conseguir la posterior pacificación de la provincia, e influyó decisivamente en los dirigentes de la Europa comunitaria. En efecto, la Unión Europea no solo secundó la actuación de la Alianza Atlántica sino que de forma inmediata contribuyó con sus propios medios diplomáticos, técnicos y económicos al proceso de estabilidad iniciado en la zona y en el que comprometió a los vecinos candidatos a la integración: Bulgaria, Rumania, Eslovenia y Hungría.

No obstante, la consolidación de la democracia en los Balcanes Occidentales queda todavía pendiente. El reto que se han marcado la Unión Europea y los Estados Unidos es lograr la consolidación de la paz, la democracia y el respeto a los Derechos Humanos en la región, teniendo como meta la futura integración de los países de la zona en la Unión: Albania, Bosnia-Hercegovina, Croacia, la República Federativa de Yugoslavia (Serbia y Montenegro) y Macedonia. De hecho, el objetivo básico del "Proceso de Asociación y Estabilización" es asentar el Estado de Derecho y la economía social de mercado para que dichos países se consoliden como candidatos a la adhesión y, por supuesto, dar así seguridad al flanco europeo que conforman.[19]

---

[18] *The New York Times*, 23 de mayo de 1999.
[19] MARTÍN DE LA GUARDIA, Ricardo y PÉREZ SÁNCHEZ, Guillermo Á., "Las nuevas fronteras de la Unión Europea: los retos de la seguridad común después de la ampliación al Este", en GARCÍA DE CORTÁZAR, Fernando (coord.), *En torno a Europa*, Madrid, FAES, 2003, pp. 201-202.

La cuestión de Afganistán

En septiembre de 1979 tuvo lugar la invasión soviética de Afganistán en apoyo al régimen comunista de aquel país, intervención condenada por la Conferencia Islámica. Gracias precisamente al apoyo diplomático recibido por sus hermanos de religión y a la ayuda militar prestada por diversos países (entre ellos, Pakistán e Irán, pero también China y Estados Unidos), los *muyahidines* declararon la guerra a los comunistas afganos y a sus aliados soviéticos. A mediados de los años ochenta, ante los desastres sufridos por el Ejército Rojo y en virtud del "nuevo pensamiento" de la URSS de Gorbachov en política exterior, las diplomacias soviética y estadounidense comenzaron a pactar una solución para el conflicto. El 14 de abril de 1988 el Secretario General de la ONU y los ministros de Asuntos Exteriores de la URSS, Estados Unidos, Afganistán y Pakistán llegaron a un acuerdo sobre el fin de la intervención soviética en Afganistán. A continuación, entre el 15 de mayo de 1988 y el 15 de marzo de 1989 se produjo la evacuación del Ejército Rojo.

Con la salida de los soviéticos, sin embargo, no llegó la paz a Afganistán. Los *muyahidines* siguieron combatiendo hasta lograr en abril de 1992 la caída del último gobierno comunista dirigido por Najibulá. Poco tiempo después, en diciembre, la *Loya Jirga* o Gran Asamblea proclamaba a Burhanundin Rabani presidente de la República aun sin haber logrado el apoyo de todos los grupos guerrilleros. Después de catorce años de conflicto, Afganistán era un Estado absolutamente destruido y con más de un millón de muertos en combate; un país que seguía en guerra, convertida ahora en una lucha fratricida de carácter étnico, tribal y religioso entre las diferentes facciones de *muyahidines*, cada cual más radical.

Dentro del descontrol generalizado, el movimiento talibán, el grupo *muyahidin* más integrista, se hizo paulatinamente con la situación y produjo un éxodo masivo de población: se calcula que unos cinco millones de afganos salieron del territorio en dirección a los países limítrofes, especialmente, hacia Irán y Pakistán. En otoño de 1994, los talibanes, gracias al apoyo y colaboración de Pakistán (en donde muchos de sus militantes habían estado refugiados) se habían hecho con la mitad del territorio afgano. Dos años más tarde, el 27 de septiembre de 1996, tomaron la capital, Kabul.

Rápidamente, mediante la coerción de las costumbres, la represión generalizada y la eliminación física en ejecuciones sumarias (entre otras muchas, la del antiguo presidente Najibulá), los talibanes procedieron a someter a sus rivales étnicos, políticos y religiosos y a imponer a continuación la *charía*.[20] De este modo, en 1998, tras más de un lustro de guerra civil abierta, los talibanes (que en mayo de ese mismo año se habían retirado de la "Conferencia de Afganistán" para la paz, auspiciada por la ONU en noviembre de 1996) controlaban las dos terceras partes del país, después de haber aislado en las montañas del noreste a la denominada "Alianza del Norte", compuesta por guerrilleros *muyahidines* de etnias diversas— uzbekos, hazaras, tayikos —leales, al menos en teoría, al presidente Rabani, única autoridad de Afganistán reconocida desde junio de 1992 por la ONU.

Ante la conculcación constante de los Derechos Humanos y la certeza de que los talibanes prestaban ayuda al terrorismo fundamentalista, la Organización de Naciones Unidas, por medio de la Resolución 1.330 de 5 de diciembre de 2000 del Consejo de Seguridad, exigió al régimen de Kabul que dejase de proporcionar "refugio a los terroristas", así como que entregase a Bin Laden, acusado de atentar contra intereses estadounidenses (por ejemplo, al atacar, el 13 de octubre, una unidad de su marina de guerra, y antes, en 1998, sus embajadas en Kenia y Tanzania). Asimismo, mediante la Resolución 1.333 de 19 de diciembre de 2000, con el respaldo explícito de Estados Unidos y la Unión Europea, se pretendió aislar internacionalmente al régimen islamista a través del embargo de material de guerra y de cuentas bancarias en el extranjero, aunque procurando no comprometer la ayuda humanitaria a la desesperada población afgana. La respuesta de los dirigentes talibanes, con el *mulá* Omar al frente, fue perseverar en la implantación de la *charía*, incrementar la represión masiva fundamentada en la "limpieza religiosa" y la persecución de las minorías étnicas, y proceder, tal como se había ordenado en marzo de 2001, a la destrucción de un símbolo del pasado no musulmán de Afganistán: las estatuas de Buda de Bamiyán. Al mismo tiempo limitó la actuación de las organizaciones humanitarias hasta el punto de hostigar permanentemente a los extranjeros, acusados de promover actuaciones contrarias al Islam.

Una vez ocurridos los atentados del 11 de Septiembre de 2001, el Consejo de Seguridad de la ONU aprobó al día siguiente la Resolución 1.368, y a continuación, el 29 del mismo mes, la Resolución 1.373; ambas condenaban expresamente el terrorismo en todas sus variantes. El Consejo también justificó el uso de la fuerza en legítima defensa, en este caso por parte de los Estados Unidos, tal como señaló en la Resolución 1.386 de 20 de diciembre al autorizar la formación de una "Fuerza Internacional para la Asistencia y

---

[20] Para una primera aproximación al movimiento talibán, *vid*. GRIFFIN, Michael, *El movimiento talibán en Afganistán*, Madrid, Los Libros de la Catarata, 2001.

la Seguridad" (*ISAF*) de apoyo a las autoridades provisionales afganas; iniciativa que, además, debía garantizar la reconstrucción del país. Poco antes, por la Resolución 1.378, había condenado tajantemente el régimen talibán por su colaboración con el terrorismo de Osama bin Laden y su red *Al Qaeda*.

La preparación de la campaña militar organizada por los Estados Unidos contó con el beneplácito de la comunidad internacional y recibió el apoyo incondicional de Occidente, desde el Reino Unido (el principal aliado estadounidense) hasta Turquía, pasando por Canadá, Australia, Francia, Alemania, Italia, España, Bélgica y Grecia. Además de estos países y de la OTAN, los norteamericanos también contaron con el respaldo y colaboración de Rusia, China, Corea del Sur, Japón, Pakistán, Arabia Saudí, los Emiratos Árabes Unidos (estos tres últimos países eran hasta ese momento los grandes aliados del régimen fundamentalista afgano), Jordania, Egipto, las Repúblicas ex soviéticas de Asia Central (en especial, Uzbekistán, Tayikistán, Kirguizia y Kazajstán), y así hasta medio centenar de Estados de los cinco continentes dispuestos a ceder sus bases militares y sus servicios de inteligencia para procurar el éxito de la operación "Libertad Duradera", lanzada el 7 de octubre de 2001, que en poco más de dos meses lograría acabar con el régimen tiránico de Kabul.[21]

La cuestión de Irak

El 2 de agosto de 1990 las unidades de vanguardia del Ejército iraquí invadieron Kuwait, llevando de nuevo la inestabilidad al corazón de Oriente Medio. Era la primera vez después de la Segunda Guerra Mundial que un país miembro de la ONU (como Kuwait desde 1963, dos años después de la independencia) era invadido y anexionado por otro país. Esta violación del derecho internacional pareció a los ojos de los países occidentales — in-cluso en el mundo árabe moderado — especialmente grave, teniendo en cuenta no sólo la importancia geoestratégica de la zona en conflicto sino también la ruptura en ella del *statu quo* con el ascenso político de una potencia hostil a sus intereses; potencia que, además, pasaba a controlar de forma automática las mayores reservas de petróleo y a convertirse en el segundo productor mundial, con las consecuencias económicas que ello podía suponer.

---

[21] *Vid.* MARSDEN, Peter, *Los talibanes. Guerra y religión en Afganistán*, Barcelona, Grijalbo, 2002.

A instancias de Estados Unidos y sus aliados, el Consejo de Seguridad de la ONU condenó sin reservas la invasión instando a Irak a que se retirase inmediatamente de Kuwait. El 17 de enero de 1991, en vista de que durante cinco meses las recomendaciones y resoluciones de Naciones Unidas — doce, comenzando con la n.° 660 — no habían amedrentado al dictador iraquí Sadam Hussein, el Consejo de Seguridad autorizó a la coalición internacional formada contra Irak por Estados Unidos, Gran Bretaña, Francia, Arabia Saudí y los restantes países del Golfo, Egipto, Siria y Marruecos para utilizar la fuerza bélica y terminar con la invasión. El ataque militar, por tierra y aire, cumplió en unas semanas todos sus objetivos, y en la madrugada del 28 de febrero de 1991 se suspendieron las hostilidades al liberarse Kuwait tras la retirada iraquí. El día 3 de marzo se decretaba oficialmente el alto el fuego al aceptar Irak el cumplimiento íntegro de la resolución 686 de la ONU, la llamada "resolución de rendición", la cual incluía las doce anteriores, así como todas las condiciones de la coalición para poner fin a la acción armada. Completando la anterior, la Resolución 687 de 3 de abril atribuyó la total responsabilidad del conflicto al régimen *Baaz* iraquí.[22]

Para terminar con la política agresiva impuesta en la zona por Sadam Hussein, y una vez expulsados sus ejércitos de Kuwait, la ONU impuso al régimen iraquí un embargo comercial y la obligación de destruir, bajo la supervisión de Naciones Unidas, su armamento químico, biológico y nuclear. Al mismo tiempo, para impedir la represión de los opositores al dictador iraquí en el interior del país, Estados Unidos y el Reino Unido — respaldados por la resolución 688 de la ONU de 5 de abril de 1991 — establecieron dos zonas de exclusión aérea: una en el norte, por encima del paralelo 36, como protección de la población kurda; y otra en el sur, por debajo del paralelo 32, como protección de la población *chiíta*. En abril de 1995, el Consejo de Seguridad de Naciones Unidas, mediante la Resolución 986 de 4 de abril, autorizaba en Irak la operación "Petróleo por alimentos y medicinas". Como pudo comprobarse después, la medida no favoreció a la población y multiplicó la corrupción del régimen hasta tal punto que Sadam Hussein, después de un referéndum celebrado sin garantías democráticas el 15 de octubre de 1995, se arrogó un nuevo mandato presidencial hasta el año 2002.

---

[22] BERMEJO GARCÍA, Romualdo, "La acción de las Naciones Unidas ante los recientes conflictos internacionales: crisis y perspectivas", en HERRERO DE LA FUENTE, Alberto (coord.), *Reflexiones tras un año de crisis*, Valladolid, Secretariado de Publicaciones de la Universidad, 1996, pp. 108-114.

Pese a las advertencias militares de Estados Unidos y Reino Unido y las sanciones impuestas por la ONU, Sadam Hussein siguió plantando cara a la comunidad internacional. La situación no dejó de degradarse y generó el aumento de la tensión entre el dictador y la ONU: en diciembre de 1998, ante la falta de colaboración por parte de las autoridades iraquíes, la Comisión Especial de Naciones Unidas para el Control del Desarme de Irak (*UNSCOM*) abandonaba el país. Durante casi cuatro años Sadam rechazó las pretensiones de la ONU de reanudar las inspecciones sobre el terreno. Solo después de los atentados terroristas del 11-S de 2001 — que llevaron a Estados Unidos a lanzar la guerra contra los talibanes en Afganistán y a amenazar al régimen iraquí con represalias militares por el apoyo prestado al terrorismo islamista — autorizaría Sadam Hussein a la ONU a continuar con su programa de control del desarme de Irak: mediante la Resolución 1.441 de 8 de noviembre de 2002 se reforzaba el protocolo de inspecciones en el país y se advertía a las autoridades de las "graves consecuencias" en caso de incumplimiento. Las "graves consecuencias" terminaron por concretarse al anunciar Estados Unidos, con el apoyo diplomático y militar del Reino Unido, la intención de terminar por la fuerza de las armas con el régimen *baazista*.[23]

La autonomía defensiva europea y la quiebra de la unidad de criterio dentro de la OTAN respecto a la invasión del territorio iraquí revelan que las tensiones entre Estados Unidos y sus aliados europeos continúan y que los hitos superados en el camino hacia la Europa unida no pueden ocultar las diferencias de opinión entre los Estados miembros, como también demuestra el debate sobre la reforma de las instituciones comunitarias. En todo caso, el espíritu de concordia sigue primando y buen ejemplo de ello es la conferencia que el 19 de noviembre de 2003 pronunció en la Universidad de Princeton Joschka Fischer, Ministro alemán de Exteriores. El otrora portavoz de la izquierda ecologista alemana manifestó con claridad que las discrepancias entre Estados Unidos y algunos de los aliados atlantistas europeos respecto a la intervención en Irak, con ser importantes, eran coyunturales, y recalcó: "Solo podemos salirles al paso a esas nuevas amenazas si Estados Unidos, Canadá y la Unión Europea, basándose en los valores e intereses comunes y en la exitosa tradición transatlántica de décadas pasadas, acometen esa tarea estratégica juntos y a partir de una planificación a largo plazo".[24]

---

[23] Para una visión crítica de la intervención, *vid*. CLARK, Wesley K., *¿Qué ha fallado en Irak? La guerra, el terrorismo y el imperio americano*, Barcelona, Crítica, 2004.

[24] *The New York Times*, 20 de noviembre de 2003.

Europa, los Estados Unidos y el enfrentamiento palestino-israelí

La década comenzaba con buenos augurios para resolver el secular conflicto del Oriente Próximo — ahora más que nunca, palestino-israelí —. Los buenos oficios de la diplomacia internacional, con Estados Unidos a la cabeza, dieron finalmente sus frutos. El 30 de octubre de 1991 comenzaba la Conferencia de Paz para Oriente Próximo; con el patrocinio de Estados Unidos y la Unión Soviética, participaron en ella delegaciones de Israel, Líbano, Siria, Egipto y una conjunta jordano-palestina. La Conferencia — cuya primera fase se celebró en la capital de España durante cinco días — tenía su fundamento en las resoluciones de las Naciones Unidas 242 y 338, que databan de 1967 y 1973, respectivamente. La segunda remitía a la primera, en la cual se exhortaba a Israel a retirarse de los territorios ocupados y consagraba el derecho de todos los Estados de la zona a vivir en paz y con fronteras seguras; en todo momento se insistía para que ambas partes entablaran negociaciones de paz.

Si de todo ello se comenzó a hablar en Madrid, en diciembre del mismo año se siguió hablando en Washington. Después, tras arduos contactos bilaterales a lo largo de veinte meses, se logró convenir la autonomía no completa para la Franja de Gaza y Jericó en Cisjordania — que abría la puerta a una futura devolución de territorios — y, lo que es más importante, el reconocimiento mutuo y explícito (9 de septiembre de 1993) entre Israel y la OLP como representante del pueblo palestino. Inmediatamente después, el 13 de septiembre de 1993, se firmaba en la capital de Estados Unidos el acuerdo, calificado de histórico, entre Israel y la OLP. Un año más tarde, el llamado "Compromiso de Oslo" hizo posible un nuevo acuerdo que establecía la retirada del Ejército israelí de los territorios autónomos, ampliaba la autonomía a otros siete municipios de los antiguos territorios ocupados y posibilitaba la celebración de elecciones para elegir el Consejo Nacional Palestino y al Presidente de los territorios autónomos.

Los acontecimientos vividos en Israel a partir del otoño de 1995 (empezando por el asesinato de Isaac Rabin) demostraron el equilibrio inestable en que descansa el inacabado proceso de paz entre árabes e israelitas en relación con Palestina. Con todo, el 23 de octubre de 1998, en Wye Plantation (Estados Unidos), palestinos y judíos suscribieron un nuevo acuerdo, apoyado por el presidente Clinton y el rey Hussein de Jordania (que fallecería el 7 de febrero de 1999). Los palestinos pasaban así a controlar otro 13% de la Cisjordania ocupada, estableciéndose corredores seguros entre Gaza (cuyo aeropuerto era abierto al tráfico) y Cisjordania; al mismo tiempo aceptaban cambiar su norma constitucional dejando sin efecto los antiguos preceptos que llamaban a la lucha permanente contra el Estado de Israel. En septiembre de 1999, Yaser Arafat y el nuevo primer ministro de Israel, el laborista Ehud Barak (en el poder desde las elecciones de mayo del mismo año) acordaron impulsar definitivamente el proceso de paz. Aunque la colaboración de la Unión Europea y los Estados Unidos con el fin de abrir vías de solución a medio plazo para el conflicto albergó esperanzas de futuro, la evolución de los acontecimientos, como en tantas otras ocasiones cuando se trata de la cuestión palestina, ralentizó el proceso: a finales de septiembre de 2000 tomó cuerpo una segunda *intifada* en los territorios ocupados.[25]

Epílogo

En marzo de 2001, pocos meses antes de los atentados del 11 de septiembre, la Comisión Europea presentó un balance sobre el desarrollo de la Nueva Agenda Transatlántica.[26] Si, en general, la década había sido provechosa, la Comisión criticaba el peso excesivo que los Estados Unidos otorgaban a las cuestiones de seguridad dentro del conjunto de sus relaciones con la Unión Europea, así como la lentitud, o en ciertos casos paralización, de algunos proyectos debido a las complicaciones burocráticas. De ahí surgió la propuesta de la Comisión de dar un paso adelante mediante la fijación de puntos concretos, definidos por ambas partes como estratégicos, para actuar en consecuencia. Las discrepancias sobre Cuba, Irak y el Protocolo de Kyoto son muestras inevitables de la diferencia de criterios, pero los avances conseguidos nos muestran la otra cara de unas relaciones particularmente complejas entre socios que se necesitan.

Referencias bibliográficas

ÁLVAREZ-OSSORIO, Ignacio, *El proceso de paz de Oriente Medio. Historia de un desencuentro*, Madrid, AECI, 1999
—, *El miedo a la paz. De la guerra de los Seis días a la segunda Intifada*, Madrid, Los Libros de la Catarata, y 2001

---

[25] Sobre el desarrollo de las conversaciones de paz, *vid.* ÁLVAREZ-OSSORIO, Ignacio, *El proceso de paz de Oriente Medio. Historia de un desencuentro*, Madrid, AECI, 1999.

[26] *Hacia un refuerzo de la relación transatlántica orientado a la dimensión estratégica y la obtención de resultados.* COM (2001) 154 Final. Bruselas, 20 de marzo de 2001.

—, (ed.), *Informe sobre el conflicto de Palestina. De los Acuerdos de Oslo a la Hoja de Ruta*, Madrid, Ediciones del Oriente y del Mediterráneo, 2003
ARÍSTEGUI, Gustavo de, *El islamismo contra el Islam. Las claves para entender el terrorismo yihadista*, Barcelona, Ediciones B, 2004
BATALLA, Xavier, *Afganistán. La guerra del siglo XXI*, Barcelona, Plaza & Janés, 2002
BASTENIER, Miguel Ángel, *Israel-Palestina. La casa de la guerra*, Madrid, Taurus, 2002
BERMEJO, Romualdo, "La acción de las Naciones Unidas ante los recientes conflictos internacionales: crisis y perspectivas", en HERRERO DE LA FUENTE, Alberto (coord.), *Reflexiones tras un año de crisis*, Valladolid, Secretariado de Publicaciones de la Universidad, 1996, pp. 107-157
—, *El conflicto árabe-israelí en la encrucijada: ¿es posible la paz?*, Pamplona, EUNSA, 2002
BROWN, Michael E., "The United States, Western Europe and NATO Enlargement", en BURWELL, Frances G. y DAALDER, Ivo H. (eds.), *The United States and Europe in the Global Arena*, Londres, Macmillan Press, 1999, pp. 11-43
BRZEZINSKI, Zbigniew, *El gran tablero mundial. La supremacía estadounidense y sus imperativos geoestratégicos*, Barcelona, Paidós, 1998
—, *El dilema de EE.UU. ¿Dominación global o liderazgo mundial?*, Barcelona, Paidós, 2005
CARRIÓN RAMÍREZ, Berta; BECERRIL ATIENZA, Belén y CARTAGENA NÚÑEZ, Ignacio, "Las relaciones institucionales entre la Unión Europea y los Estados Unidos en nuestros días: análisis de la Nueva Agenda Transatlántica", en BENEYTO, José Mª; MARTÍN DE LA GUARDIA, Ricardo y PÉREZ SÁNCHEZ, Guillermo Á. (dirs.), *Europa y Estados Unidos. Una historia de la relación atlántica en los últimos cien años*, Madrid, Biblioteca Nueva, 2005, pp. 299-330
CHECA HIDALGO, Diego, "La acción exterior de la Unión Europea hacia los países de la antigua Yugoslavia", en *Cuadernos Constitucionales de la Cátedra Fadrique Furió Ceriol*, n.° 45/46 (2004), pp. 23-40
CLARK, Wesley K., *¿Qué ha fallado en Irak? La guerra, el terrorismo y el imperio americano*, Barcelona, Crítica, 2004
FEATHERSTONE, Kevin y GINSBERG, Roy H., *The United States and the European Union in the 1990s. Partners in Transition*, Londres, Macmillan Press, 1996
FERRO, Marc, *El conflicto del Islam*, Madrid, Cátedra, 2004
FRATTINI, Eric, *Irak: el Estado incierto*, Madrid, Espasa-Calpe, 2003
GARCÍA VARGAS, Julián, "Seguridad en el mundo tras el 11 de septiembre", en ALMUIÑA, Celso (coord.), *El 11 de septiembre que cambió nuestro mundo*, Valladolid, Secretariado de Publicaciones de la Universidad, 2003, pp. 127-153
GIRÓN, José, "La década de los noventa en la antigua Yugoslavia", en MARTÍN DE LA GUARDIA, Ricardo y PÉREZ SÁNCHEZ, Guillermo Á. (coords.), *La Europa del Este. Del Telón de Acero a la integración en la Unión Europea*, Madrid, Biblioteca Nueva, 2002, pp. 147-178

GRIFFIN, Michael, *El movimiento talibán en Afganistán*, Madrid, Los Libros de la Catarata, 2001
HUNTINGTON, Samuel P., *El choque de civilizaciones y la reconfiguración del orden mundial*, Barcelona, Paidós, 1997
IGNATIEFF, Michael, *El honor del guerrero. Guerra étnica y conciencia moderna*, Madrid, Taurus, 1999
—, *Los derechos humanos como política e idolatría*, Barcelona, Paidós, 2003
—, *El nuevo imperio americano. La reconstrucción nacional en Bosnia, Kosovo y Afganistán*, Barcelona, Paidós, 2003
LAMO DE ESPINOSA, Emilio, *Bajo puertas de fuego. El nuevo desorden internacional*, Madrid, Taurus, 2004
MANN, Michael, *El imperio incoherente. Estados Unidos y el nuevo orden internacional*, Barcelona, Paidós, 2004
MARSDEN, Peter, *Los talibanes. Guerra y religión en Afganistán*, Barcelona, Grijalbo, 2002
MARTÍN DE LA GUARDIA, Ricardo, "Nuevas realidades geoestratégicas de una Unión Europea Ampliada", en FLECHA ANDRÉS, José-Ramón y GARCÍA NICOLÁS, Cristina (coords.), *La nueva Unión Europea: retos y desafíos de la ampliación*, Salamanca, Publicaciones de la Universidad Pontificia, 2004, pp. 55-68
MARTÍN DE LA GUARDIA, Ricardo y PÉREZ SÁNCHEZ, Guillermo Á., *La Europa Balcánica. Yugoslavia, desde la Segunda Guerra Mundial hasta nuestros días*, Madrid, Síntesis, 1997
—, "Derechos humanos y guerra en Bosnia-Hercegovina", *Cuadernos Constitucionales de la Cátedra Fadrique Cerió Furiol*, n.º 26/27 (1999), pp. 293-308
—, *Los países de la antigua Europa del Este y España ante la ampliación de la Unión Europea*, Valladolid, Instituto de Estudios Europeos de la Universidad de Valladolid, 2001
—, (coords.), *Historia de la integración europea*, Barcelona, Ariel, 2001
—, "Las nuevas fronteras de la Unión Europea: los retos de la seguridad común después de la ampliación al Este", en GARCÍA DE CORTÁZAR, Fernando (coord.), *En torno a Europa*, Madrid, FAES, 2003, pp. 155-204.
MARTÍN MUÑOZ, Gema, *Iraq. Un fracaso de Occidente (1920-2003)*, Barcelona, Tusquets, 2003
NOUAILHAT, Yves-Henri, *Les États-Unis et le monde au XX.ᵉ siècle*, París, Armand Colin, 1997
PALACIOS, José Miguel y ARANA, Paloma, "Consolidación democrática e integración internacional: el caso de la Europa del Este", *Cuadernos Constitucionales de la Cátedra Fadrique Furió Ceriol*, n.º 43/44 (2003), pp. 149-163
PIETRI, Nicole, "Les difficultés présentes de l'élargissement de l'Union Européenne à l'Est", en RIBEIRO, Mª Manuela Tavares (coord.), *Olhares sobre a Europa*, Coimbra, Quarteto, 2002, pp. 36-50

Pozo, Gonzalo, "La paz fría. Rusia y la OTAN entre 1991 y 2001", *Cuadernos Constitucionales de la Cátedra Fadrique Furió Ceriol,* n.° 45/46 (2004), pp. 145-160

Schwok, René, *Les relations entre les États-Unis et la Communauté Européenne. Conflits ou partenariat?*, Ginebra, Georg Éditeur, 1992

Segura, Antoni, *Más allá del Islam. Política y conflictos en el mundo musulmán,* Madrid, Alianza, 2001

—, *Irak en la encrucijada,* Barcelona, RBA Libros, 2003

Serra i Massansalvador, Francesc, "Rusia y la Unión Europea en la era Bush, un encuentro necesario", *Revista Valenciana d'Estudis Autonómics*, n.° 43/44 (2004), pp. 248-270

Sjursen, Helene, "Enlargement and the Common Foreign Security Policy: Transforming the EU's External Identity?", en Henderson, Karen (ed.), *Back to Europe. Central and Eastern Europe and the European Union*, Londres, UCL Press, 1999, pp. 37-51

Taibo, Carlos, *Guerra en Kosova. Un estudio sobre la ingeniería del odio*, Madrid, Los Libros de la Catarata, 2001, pp. 115-135

Telo, Mario (sous la direction de), *L'Union Européenne et les défis de l'élargissement*, Bruselas, Études Européennes, 1994

VV.AA., *États-Unis, Europe et Union Européenne. Histoire et avenir d'un partenariat difficile (1945-1999)*, Bruselas, Peter Lang, 2001

Varea, Carlos y Maestro, Ángeles (eds.), *Guerra y sanciones a Irak. Naciones Unidas y el "nuevo orden mundial"*, Madrid, Los Libros de la Catarata, 1997

Veiga, Francisco, "Kosovo: claroscuros de un conflicto interminable", en Girón, José (ed.), *La intervención de la OTAN en la República Federal de Yugoslavia*, Oviedo, Silverio Cañada Editor, 2002, pp. 17-56

Winand, Pascaline, *Las relaciones entre la Unión Europea y los Estados Unidos. La Nueva Agenda Transatlántica*, Lima, Instituto de Estudios Europeos de la Pontificia Universidad Católica del Perú, 2001

Estevão de Resende Martins

A revolução atlântica: fronteira ou traço de união?

Universidade de Brasília

Estêvão de Rezende Martins é Professor Titular de Teoria da História e de História Contemporânea e Director do Instituto de Ciências Humanas da Universidade de Brasília. É autor, entre outras, das seguintes publicações: *Teoria y metodologia en la Historia de América Latina* (org.), Madrid, Editorial Trotta – Ediciones Unesco, 2006; «Historia e teoria na era dos extremos», *Fénix. Revista de História e Estudos Culturais,* Uberlândia, v. 3, n. 2, 2006; *Cultura e Poder,* 2.ª ed., São Paulo, Saraiva, 2007.

A revolução atlântica: fronteira ou traço de união?

> *Neste centro, pousada dos humanos,*
> *Que não somente, ousados, se contentam*
> *De sofrerem da terra firme os danos,*
> *Mas inda o mar instábil exprimentam,*
> *Verás as várias partes, que os insanos*
> *Mares dividem, onde se apousentam*
> *Várias nações que mandam vários Reis,*
> *Vários costumes seus e várias leis.*
>
> Lusíadas, Canto X, 91

A reflexão sobre o espaço atlântico aqui proposta busca articular duas vertentes da questão no período moderno e contemporâneo. Uma vertente diz respeito aos processos de interação em rede, mediante os quais os espaços são conformados, econômica, social e politicamente. A outra vertente procura estabelecer correlações entre os espaços assim constituídos em economias-mundo ou impérios-mundo e a universalização — pelo menos intencionada — de seus modelos ou paradigmas, como diferentes fases do que hoje se chama globalização.

A conformação dos espaços por processos materiais e imateriais representa, no caso do Atlântico — mas também de outros mares oceanos — um fator de transformação social e institucional a tal ponto profundo que se pode falar de uma revolução atlântica. Dois momentos dessa revolução são importantes: o inicial, quando o Atlântico foi domesticado pela navegação a partir do século 15, e o subseqüente, quando por ele transitaram as idéias que levaram à alforria das Américas, ao final do século 18.

Tal conformação pode engendrar tanto cesuras quanto sínteses, fronteiras quanto aproximações. A interação homem-espaço começa pela preliminar do contacto físico e evolui para a transformação ambiental e cultural. Ao longo do período que se inicia por volta de 1750, quando os impérios haviam transformado os oceanos em suas vias internas de comunicação, e se estende até os dias de hoje, constituíram-se redes de interação política, econômica, social e cultural que instituíram mundos "globais" até chegar à hoje tão decantada globalização do mundo. A conexão categorial espaço — local — global, atualmente, põe um desafio interessante à investigação histórica. O domínio do Atlântico (como de outros oceanos) foi um passo decisivo para a criação de mundos globalizados. Tenta-se assim, com o que segue, oferecer uma proposta de análise da conformação de fronteiras ou de traços-de-união nos espaços globais.

1. Preliminares: a sociedade e o espaço

O espaço cultural em que se constroem as representações históricas da identidade social recorrem à delimitação espacial como uma de suas principais formas de ancoragem. Ao menos três níveis dessa inserção podem ser localizadas. Todo indivíduo situa-se no plano imediato de sua vizinhança ecossistêmica — algo como o homem em sua aldeia. A comunidade a que pertence toda pessoa apossa-se (ou apossou-se imemorialmente) da região em que se instalou. Os grupos humanos assim se localizam em seu vale, em sua planície, em sua cidade, em seu país. As sociedades açambarcam espaços de auto-afirmação que ultrapassam seu berço originário e se expandem, anexando espaços. Assim foi a história da expansão marítima e da implantação do que se convencionou chamar de impérios coloniais. Que seja o império vitoriano sobre o qual o sol jamais se punha, ou a monarquia multinacional dos Habsburgos, cuja divisa se dizia ser *Austria est imperare orbe universo*.

A questão da fronteira e de seus eventuais efeitos sobre a organização espacial, social, política, econômica e mental das sociedades tornou-se um tema incontornável nas ciências sociais desde o trabalho pioneiro de Frederick Jackson Turner sobre a expansão territorial dos Estados Unidos ao longo do século 19. Turner projeta suas conclusões sobre a história da ocupação do oeste americano e as transforma numa espécie de lição universal para a cultura humana:

> But the larger part of what has been distinctive and valuable in America's contribution to the history of the human spirit has been due to this nation's peculiar experience in extending its type of frontier into new regions; and in creating peaceful societies with new ideals in the successive vast and differing geographic provinces which together make up the United States. Directly or indirectly these experiences shaped the life of the Eastern as well as the Western States, and even reacted upon the Old World and influenced the direction of its thought and its progress. This experience has been fundamental in the economic, political and social characteristics of the American people and in their conceptions of their destiny.[1]

---

[1] Frederick Jackson Turner. *The Frontier In American History*. 1927. Prefácio. Ed. eletr. em http://xroads.virginia.edu/~HYPER/TURNER/ (acesso em 28 de janeiro de 2006).

A revolução atlântica: fronteira ou traço de união?

Na perspectiva de Turner, a fronteira era, pois, uma linha de apossamento que se estende indefinidamente, dentro de cujos limites o território e suas eventuais populações são agregados à matriz em expansão, sem levar em conta a especificidade cultural que eventualmente possuam. Tal circunstância leva Turner a falar do "fazer os Estados Unidos", nos quais índios e outras etnias por longo período nada mais foram do que variáveis secundárias. Não é este, contudo, o ponto que aqui se quer tratar. Antes interessa ver o que em Turner ficou lacunar e que outros analistas, posteriormente, vieram a superar. Com efeito, a geometria variável das fronteiras e de seu movimento tem conseqüências para ambos os seus lados. A experiência da transformação cultural, intuída por Turner mas não aprofundada em sua análise, passou a constituir um componente decisivo da interpretação histórica da constituição das sociedades, em diferentes contextos. Os contextos podem ser de natureza política, como a imposição hegemônica da poder de mando, de natureza econômica, como a garantia de matérias primas ou de mercados, de natureza estratégica, como o estabelecimento de zonas de segurança, de natureza ideológica, como o das missões de conversão religiosa. Um desses possíveis contextos é de dimensão macro e complexa (mescla os diversos outros contextos), como aquele em que, nas múltiplas margens do Atlântico, as relações intersocietárias se constituíram desde o século 15. No Atlântico se entrecruzaram aspectos políticos, econômicos, sociais, religiosos, comerciais. Tais cruzamentos conformaram espaços distintos, que se pode distinguir *grosso modo* entre os do norte, do Caribe e do sul. Fique aqui apenas mencionada essa diferenciação dos subespaços atlânticos, cujas conseqüências cá e lá voltarão adiante.

Não é apenas, por certo, a referência espacial que possui relevância. O quadro de referência identitário enraíza-se na cultura e na civilização, cujo teor inclui obviamente a dimensão espacial, mas vai muitíssimo além dela. Detenhamo-nos um instante no campo dos espaços, antes de voltarmos ao das culturas. Espaços de dimensões extraordinárias, como as imensidões desérticas ou as incomensuráveis cadeias de montanhas, os mares oceanos ou os abismos insondáveis sempre exerceram o papel de circunscrever os espaços e as localizações em que as comunidades se constroem. E, por isso mesmo, são (ou foram) — em primeiro lugar — limite, fronteira, distinção, afastamento, quando não confim ignoto, mundo hostil, diferença ameaçadora. Desafio à descoberta e à dominação. Os espaços marítimos, de horizontes indiscerníveis, foram e são constantes em fascinar o olhar perscrutador do ribeirinho. Algo semelhante ao modo como os cumes das montanhas atraem quase hipnoticamente os montanhistas. O Atlântico — tal como o Mediterrâneo de outrora — teve esse papel desde que, no século 15, construiu-se a gradual certeza de que o mundo ia além do que viam os meros olhos. O espaço constituído pelo Atlântico não é uniforme nem constante. Não deitarei aqui sobre ele o olhar do geógrafo, do historiador marítimo ou do estrategista. Tampouco pretenderia examiná-lo sob o ângulo da história da colonização.

2. Fronteiras e contactos no espaço atlântico

O tema que inspira a reflexão aqui apresentada gira, antes, em torno de duas idéias centrais: a fronteira e a cultura. A fronteira como traço de distinção e a fronteira como traço de união. Essas duas acepções são próprias de épocas distintas. A que considera a fronteira como traço de união passa a se destacar na segunda metade do século 20, enquanto que a da ruptura e do conflito prevaleceu por longos séculos anteriores, notadamente desde o período da expansão marítima e das descobertas ultramarinas dos europeus. Essa dupla acepção pode ser utilizada para abordar, igualmente, outros espaços oceânicos, mas não se constituiria em exagero dizer que, no período da formação da cultura dita ocidental, o Atlântico representa uma força simbólica incomum.

Como o Atlântico, outros espaços, ao longo da história, formaram universos em cujos limites se encerravam a vida e o horizonte das sociedades. Assim, o que chama de mundialização ou globalização tomou forma em sucessivas estruturas. O Atlântico, de certa forma, foi o espaço de constituição e expansão extra-européia do que veio a ser denominado o "ocidente" ou a "civilização ocidental".

É recomendável, todavia, situar o império-mundo no qual o Atlântico passa a ter lugar privilegiado, do século 15 ao século 19 (quiçá início do século 20), em um contexto macro, expresso no mundo colonial e comercial criado pelas potências européias, protagonistas principais da aventura "ocidental" do paradigma cultural hoje predominante.[2]

---

[2] A. J. Russell-Wood. "Precondições e precipitantes do movimento de independência da América Portuguesa", em Júnia F. Furtado (org.). o. cit., p. 420-467. p. 421--422: "Apesar da considerável disparidade no conteúdo e na ênfase das políticas das nações européias em relação às suas colônias nas Américas, houve certos aspectos em comum. De suprema importância foi a natureza precisa da relação entre as metrópoles e as colônias. Essa relação não foi constante, nem possuiu a força interna necessária para permanecer inviolável. Foi altamente suscetível (poderíamos dizer vulnerável) aos

A revolução atlântica: fronteira ou traço de união?

Esse mundo tende a expandir-se por toda parte. Na Europa de que parte essa expansão, a pluralidade dos Estados é uma realidade concreta. Portugal, Espanha, Holanda, Inglaterra, França. Cinco atores decisivos do modelo ou da prática cujo estigma marca o processo de ocupação e de transformação dos espaços por eles investidos. Inclusive o mundo atlântico, a leste e a oeste. O padrão muda o Atlântico (mas não só ele) de mar nunca dantes navegado em trampolim para instaurar novos reinos, formais ou informais.[3] Em um primeiro momento, o paradigma que se estende impõe-se a todos e a toda parte (não raro, pela força), seja por os envolver, seja por os descaracterizar, seja por os dominar. Visto em sua origem, o mundo colonial e comercial parece ser uma rede de entrecruzamento de mundos comerciais, reforçados pelas posses coloniais. A interação desses mundos acaba por produzir sinergias que causam inovações substanciais. Ao longo de quatro séculos, o comércio operado pelas metrópoles coloniais produz uma multiplicação por mil do comércio europeu. A estrutura dos modos de produção evolui, com a passagem gradativa do valor de uso ao valor de troca.

O mundo se encaminha, gradativamente, para deixar de ser o espaço da estabilização institucional transtemporal para transformar-se em uma

---

novos desenvolvimentos e mudanças de poder em nível internacional; às novas diretivas tomadas pela metrópole, inclusive como iniciativa própria ou em resposta às pressões internas ou externas, de cunho social, político ou econômico; a novos desenvolvimentos econômicos nas colônias; às novas aspirações de autodeterminação e à nova consciência ideológica por parte dos colonizadores; ou à interação entre os fatores presentes nas metrópoles e nas colônias, nenhum deles, isoladamente, capaz de ter força ou importância suficiente para afetar a relação. O pacto colonial era ao mesmo tempo tão forte e tão fraco, como qualquer relacionamento entre suas pessoas, uma das quais vê a si mesma como determinante do destino da outra. .... O pacto colonial era uma balança entre dependência e independência. Isso era alternadamente bem-definido ou impreciso, respeitado ou revoltante, um pilar de força ou um progenitor de fraqueza. Era um ato histórico que impregnava a emocional corda bamba das ligações políticas, econômicas, sociais e culturais."

[3] Jorge Couto. *A construção do Brasil*. Lisboa: Edições Cosmos, 1995. Em sua obra sobretudo informativa, Jorge Couto em mais de uma passagem sublinha o caráter estratégico, para a política portuguesa no século 16, da rivalidade com Castela e Aragão e, particularmente, da dominação dos mares, notadamente do Atlântico e do Índico. A globalização de fala portuguesa e de espírito desde já mercantilista, mesmo se correspondente a um grau apenas relativo de controle do espaço (pouca penetração territorial, economia predatória e acentuada miopia gerencial, sem projeto de futuro até pelo menos meados do século 18). Cf. p. 121 ss.

massa em constante movimento e mutação, à imagem dos oceanos.[4] As inovações coloniais reforçam as modificações comerciais. As minas americanas inundam a Europa de ouro e de prata. O tráfico de escravos torna-se um negócio altamente lucrativo.[5] As rotas marítimas transformam os mares em espaços de ambição e conflito. A Europa das metrópoles coloniais se consolida como um sistema de Estados rivais que, a cada século, se complica com novos atores que surgem. Estados cujas alianças variam segundo seus interesses mutantes, continentais e coloniais, tornando-se cada vez mais complexos, distantes e custosos. O aparelhamento militar e a proteção dos comboios mercantes, o inchaço da máquina administrativa e o crescimento constante da aristocracia dependente aumentam desproporcionalmente o custo global do funcionamento do Estado e põem em primeiro plano a arrecadação financeira, que políticas mercantilistas tentam sustentar a qualquer preço.[6]

---

[4] Cf. Júnia F. Furtado, Introdução, p. 17: "Durante a Idade Média, os oceanos desempenharam importante papel no intercâmbio de produtos, pessoas, plantas, notícias e idéias. A navegação européia, inicialmente circunscrita ao Mediterrâneo, se estendeu aos oceanos Atlântico, Índico e, finalmente, ao Pacífico. Como bem nos lembrou António Luís Alves Ferronha, ... o estudo dos mares como ponto de inflexão da vida e da aventura dos homens foi inaugurado pelo clássico livro de Braudel, *O Mediterrâneo e o mundo mediterrânico na época de Felipe II*. Mais tarde, Vitorino Magalhães Godinho salientou que o constante movimento das caravelas desenhava "a trama da rede atlântica" e fazia do mar salgado o agente da expansão portuguesa", em Júnia F. Furtado (org.). *Diálogos oceânicos. Minas Gerais e as novas abordagens para uma história do Império Ultramarino Português*. Belo Horizonte: Editora UFMG (Coleção Humanitas), 2001.

[5] A literatura sobre o escravismo colonial é superabundante. Para o estado da arte mais recente, remeto a Luís Felipe de Alencastro. *O trato dos viventes. A formação do Brasil no Atlântico Sul*. São Paulo: Companhia das Letras, 2000. Fundamento para o entendimento do papel desempenhado pelo Atlântico na presente reflexão é a obra de Alberto da Costa e Silva. *Um rio chamado Atlântico. A África no Brasil e o Brasil na África*. Rio de Janeiro: Nova Fronteira, 2003.

[6] Luciano Raposo de Almeida Figueiredo. "O império em apuros. Notas para o estudo das alterações ultramarinas e das práticas políticas do império colonial português, séculos XVII e XVIII", em Júnia F. Furtado (org.), o. cit., p. 241-242: "A dinâmica da colonização moderna reproduzia-se à sombra de uma contradição: o discurso que distendia os termos da cultura política do Antigo Regime não empurrava os súditos para fora da soberania régia, mas tornava áspero o amor do súdito pelo trono. Na América portuguesa, a crise se instalava no coração daquilo que fundava o equilíbrio das monarquias; vale lembrar: "A conservação dos Estados consiste principalmente no amor

A revolução atlântica: fronteira ou traço de união?

Nesses Estados, as sociedades européias começam a transformar-se também. Como em um refluxo de maré, o quotidiano modifica-se, lenta mais seguramente. O "novo mundo" tem, sobre o "velho", um efeito de bumerangue modificador. A Europa das Luzes funda-se numa "boa sociedade", tecida de redes secundárias, em que as mentes se libertam gradualmente das tutelas (inclusive da religião onipresente e onipotente) à medida em que as letras se aprendem e se difundem. O esclarecimento tarda, contudo, a chegar ao ultramar. No caso brasileiro, por exemplo, a Coroa bragantina tudo fez (afinal debalde) para que a dependência permanecesse para sempre.[7] Após o caso pioneiro das Treze Colônias, somente o início do século 19 verá agitar-se o Atlântico no maremoto das revoluções.

3. O Atlântico revolucionário e a globalização

A concepção de revolução atlântica, marcada por R. R. Palmer em seu magistral estudo sobre a era da revolução democrática,[8] reforça uma vez mais a idéia de que o espaço marítimo do Atlântico serviu (e serve) igualmente de rota de troca de valores simbólicos. A bem-sucedida revolta das colônias americanas contra a Grã-Bretanha forneceu aos radicais europeus um modelo. Mesmo se essa concepção possa ser discutida — o próprio Palmer considerava sua tese de doutoramento (1934), que tratou da influência das idéias americanas sobre as francesas revolucionárias, como um "arroubo juvenil" — interessa reter aqui a circunstância de que, indubitavelmente, circulava então pelo Atlântico norte um intenso comércio de idéias.[9] A esse comércio não era estranha, por certo, a emblemática figura de Thomas Paine, por exemplo.

---

e na afeição dos súditos". Ali, porém, a colonização moderna redefinira esse contrato, como já defendeu com fina argúcia Ilmar Rohloff de Mattos: 'No fundo e no essencial, quem rompe o pacto colonial são os agentes metropolitanos, seus fundadores, pela própria dinâmica do sistema colonial de base mercantilista" (cf. *O tempo saquarema*. São Paulo: Hucitec, 1987).

[7] Cf. João Fragoso e Manolo Florentino. *O arcaísmo como projeto: mercado atlântico, sociedade agrária e elite mercantil em uma economia colonial tardia: Rio de Janeiro, c.1790-c.1840*. Rio de Janeiro: Civilização Brasileira, 2001, 4ª ed.

[8] Robert R. Palmer. *The Age of Democratic Revolution. A Political History of Europe and America. 1760-1800*. Princeton: University Press, 1959-1964. 2 vols.

[9] Cf. Júnia F. Furtado. Introdução, o. cit., p. 18: "Espaços de circulação de mercadorias, os oceanos foram também locais de trânsito de idéias."

Com efeito, os revolucionários franceses viam na guerra americana de independência um feito memorável de avanço da dignidade política da sociedade, em que a tropa francesa teria alcançado méritos entrelaçados. Liberdade, igualdade e direitos humanos transitam ao sabor dos ventos no mar que há muito deixara de ser assim tão tenebroso. A idéia de uma revolução atlântica utiliza-se das sublevações que, dos anos 1770 até o início da década de 1820, sacode países da Europa (França, Holanda, Irlanda) e das Américas (Estados Unidos, Caribe, Hispanoamérica, Brasil). Meio século é um longo período. Resta, entretanto, que as rotas de circulação das idéias referentes a uma sociedade mais democrática são atlânticas, do norte — a ocidente e a oriente — e do sul, a ocidente.

Essa contextualização do atlantismo revolucionário não poderia ser proposta sem que se considerasse a globalização sucessiva dos espaços a partir do paradigma europeu ocidental. Fernand Braudel, ao cunhar a categoria de "economia-mundo", fornece um instrumento analítico precioso para a apreensão do fenômeno do entrecruzamento das múltiplas margens e das múltiplas vigências da mundialização.[10] Ressalve-se, bem entendido, que mundo enquanto coincidente com todo o planeta é uma realidade que somente se pode considerar após o surgimento dos meios de comunicação de largo alcance e de massa (a começar pelo rádio), mais particularmente depois da cobertura por satélites e pela Internet. Por ora fique aqui a remissão.

Para Braudel, cada economia-mundo cobre uma parte do mundo, mas em seu âmbito próprio, cada sociedade vê o mundo como nele esgotado. A mundialização planetária é, no entanto, recente e, ademais, não supera integralmente a visão de mundo que cada sociedade constrói para si — também conhecida como o tradicional etnocentrismo. As economias (sistemas de produção e troca) tecem liames à base, estendem-se pelo sistema de circulação financeira (capital) a zonas cujo desenvolvimento interessa ao sistema próprio de produção e trocas e projeta um olhar ambicioso às margens inde-

---

[10] Fernand Braudel. *Civilisation matérielle, Économie et Capitalisme. XVe-XVIIIe siècle*. Paris: Armand Colin, 1979. 3 vols. « L'*économie-monde* .... ne met en cause qu'un fragment de l'univers, un morceau de la planète économiquement autonome, capable pour l'essentiel de se suffire à lui-même et auquel ses liaisons et ses échanges intérieurs confèrent une certaine unité organique» (III, 12). «L'économie mondiale s'étend à la terre entière ; elle représente, comme disait Sismondi, 'le marché de tout l'univers', 'le genre humain ou toute cette partie du genre humain qui commerce ensemble et ne forme plus aujourd'hui, en quelque sorte, qu'un seul marche'» (III, 12).

finidas dos espaços circunvizinhos. Quando essa fórmula se mescla com o poder militar e político, temos as diversas formas de expansão tão habitualmente qualificadas com os intermináveis "ismos", como colonialismo ou imperialismo.

Esse esboço do esquema espacial de Braudel, no qual se identifica sem esforço particular a influência posterior de Wallerstein, de certo modo simplifica o mosaico das economias-mundo. Não perde, contudo, o mérito de deitar uma luz clara sobre um duplo jogo da modernidade. De uma parte, o caráter provinciano (nacional, aldeão) de todo e qualquer sistema. De outra parte, a expansão histórica de sistemas micro- ou meso-econômicos e políticos para dimensões macro. Algo do gênero: o bom para o mundo é o que for bom para mim. E tal posição político-econômica se consolida com o uso da força armada. Se o Mediterrâneo e sua sucessão de economias-mundo são a inspiração primeira de Braudel,[11] a aplicabilidade de sua análise, com o devido cuidado metódico, a outros espaços e a outras sociedades é possível. Dentre essas possibilidades, a do mundo atlântico.[12]

Braudel não ignora a distinção que Marx estabeleceu entre o capital mercantil e o capital industrial. Para ele, contudo, essa distinção não é decisiva, pois sua base empírica não ultrapassa os limites do século 18, em que o capital manufatureiro ainda não se transformara na vaga da revolução industrial. Para os séculos 19 e 20, vale ressaltar, o capitalismo industrial (e, posteriormente, financeiro) modifica fortemente as características dos sistemas de produção econômica e de alianças políticas do espaço atlântico (mas não só nele, obviamente). A análise braudeliana, entretanto, é compatível com o efeito que a acumulação de capital após a revolução industrial provoca, convertendo o sistema mundial, entendido por Braudel como uma constelação de economias-mundo, em uma economia mundial multitentacular.[13]

---

[11] Fernand Braudel. *La Méditerranée et le monde méditerranéen à l'époque de Philippe II*. Paris: A. Colin, 1949.

[12] Se o trabalho pioneiro de Braudel serve aqui de referência, para o espaço atlântico português não se pode deixar de lembrar Frédéric Mauro, um dos maiores especialistas em história ibero-americana, notadamente luso-brasileira, da nova história francesa. Seu *Le Portugal et l'Atlantique au XVIIe Siècle* (Paris: SEDES, 1960), derivado da tese de doutoramento de Estado, é leitura obrigatória para todo estudioso do Atlântico na perspectiva de Braudel, autor da proposta do tema desenvolvido por Mauro. O tema dos entrecruzamentos (sob o ângulo econômico ou político) no espaço oceânico perpassa a obra de Mauro desde os anos 1950.

[13] José Jobson de Andrade Arruda. "Exploração comercial e capital mercantil", em Guy Martinière (org.) *Le Portugal et l'Europe Atlantique, le Brésil et l'Amérique*

As primeiras economias-mundo modernas, para Braudel, articulam-se no espaço do Mediterrâneo e no Mar do Norte. São-lhes fundamentais as vilas-âncoras e os impérios coloniais. Antuérpia ou Gênova, Veneza ou Sevilha? Com a intensificação da navegação e do comércio colonial, Amsterdã e, em seguida, Londres, tornam-se incontornáveis. A constelação de economias-mundo evolui gradualmente para uma galáxia de constelações político-econômicas (os impérios instalados ou em progressão: português, espanhol, holandês, francês, britânico) que navega a bordo da preponderância crescente da Grã-Bretanha.

No século 18 constata-se que, na realidade, ocorreu uma modificação de monta. De uma cidade central do sistema mercantil a referência migra para um espaço polifacetado e de comandos múltiplos. Espaços territoriais ou marítimos, essas referências se vêem envolvidas em uma rede internacional de complexidade crescente. A complexidade não decorre apenas das conseqüências políticas da Reforma e da Contra-Reforma, dos tratados de Vestfália ou do desfecho da Guerra dos Sete Anos. Emerge gradualmente a consciência de que o entrecruzamento dos sistemas político e econômico caminharia para um sistema de dependências múltiplas. Essa consciência, no entanto, ainda é demasiado difusa e imprecisa. A lógica impiedosa dos impérios-mundo continua privilegiando a autarquia econômica e o umbicalismo nacional.

O espaço marítimo conserva, porém, seu caráter estratégico tanto militar quanto político e econômico. O relativo policentrismo europeu repousa sobre uma pentarquia política e depende de um equilíbrio estratégico precário. Esse equilíbrio é rompido sistematicamente até a segunda metade do século 20, com repercussões em todos os demais espaços do mundo. Na Europa, as regiões chamadas por Braudel de "secundárias" e que Wallerstein denomina "semi-periféricas" apresentam afastamentos econômicos do polígono Londres-Amsterdã-Paris-Nápoles-Madri ainda proporcionalmente pequenos: menos cidades, menos mercados, menos atividade cultural, sistema de produção arcaico predominante. Longe da Europa, as diferenças são mais marcantes. A travessia da Calunga Grande é fatal. A riqueza das Américas ou das Índias é comparável (e mesmo superior) à de muitas economias periféricas européias, mas flui em benefício da metrópole colonial (até os processos de independência política) ou passa a gravitar em torno do sistema financeiro britânico ao longo do século 19. O sistema escravista vicia, desde a origem, o modo de obtenção da riqueza, compro-

---

Latine. Mélanges offerts à Frédéric Mauro. Arquivos do Centro Cultural Calouste Gulbenkian. Lisboa-Paris: Centro Cultural Calouste Gulbenkian, 1995. pp. 131-135.

metendo a organização social das sociedades às duas margens do Atlântico: as Américas e a África. O mundo é hierarquizado e os espaços subordinados às vontades imperiais. As temporalidades da vida social e cultural, nesses espaços economicamente vinculados à lógica dos impérios, afastam-se. Situação política, maturidade cultural e conjuntura econômica engendram uma nova cena internacional, na qual as sociedades se distribuem em ritmos distintos, com (pelo menos) uma geração de intervalo para a circulação das idéias e para a transformação das estruturas – isso fica patente ao menos a partir da independência das Américas a partir de 1776/1804.

Pode-se então dizer que o espaço atlântico é parte ativa de uma globalização relativa, de que se projetam paradigmas de organização de todo o mundo.[14] Mas, afinal, em que consiste esta globalização "precoce", tão à maneira de Braudel? Detenhamo-nos um instante.

4. Globalização: proposta de um conceito

Globalização é um conceito de diagnóstico do tempo presente. Inicialmente despertou pouca atenção e parecia restrito às publicações especializadas dos economistas. A partir dos anos 1990 a extensão desenfreada do sistema internacional de trocas de acordo com o modelo da livre iniciativa noeliberal para todo o mundo consagrou o uso dos termos globalização (mais comum no mundo anglo-saxão e no Brasil) ou mundialização (mais comum entre os franceses). Globalização torna-se assim uma categoria de referência em diversas disciplinas científicas, intrigadas pelo galopante sucesso da estratégia comercial em um mundo até pouco antes recortado pela geografia das fraturas políticas e das oposições ideológicas. História do capitalismo global? Globalização de determinadas formas de capitalismo pós-político? Política global agora só de comércio? Domínio dos mares, ares e terras pela troca desenfreada? Uma selva conceitual que se adensa. Para orientar-se nela, é necessária uma trilha analítica sóbria, que não ceda à facilidade mediática, na qual a cortina de palavras pode esconder o essen-

---

[14] A. J. Russel-Wood, o. cit., p. 423: "Já é tempo de os pesquisadores reconhecerem que a experiência transoceânica não separa holandeses de franceses, ingleses de portugueses ou espanhóis de dinamarqueses. Todos os migrantes viram a passagem atlântica com temor e partilharam um conjunto de superstições e aspirações sem limites. Na chegada ao Novo Mundo, os desafios à própria sobrevivência vividos por um inglês na América do Norte não difeririam em substância dos encontrados pelos camponeses açoreanos no Brasil."

cial. Com efeito, se para Braudel a noção de economia-mundo permitira, mesmo se com limitações, localizar, historicamente, com razoável pertinência, os espaços (marítimos ou terrestres) de uma universalização relativa (hoje reconhecida como local ou regional), o termo globalização é, hodiernamente, demasiado polivalente.

De qualquer maneira, o termo tem seu lugar. Ele fornece à época atual uma designação amplamente aceita. Designação tanto ou mais aceita do que a anterior, de Guerra Fria. Nos anos 1950, tinha curso a expressão "era atômica". Nos anos 1960-1970, em paralelo à Guerra Fria política e militar, concorriam entre si as expressões "sociedade industrial" e "capitalismo tardio". A partir dos anos 1980, "sociedade de risco" ou "pós-modernidade" passaram a fazer parte da ciranda conceitual. Globalização parece ter alcançado mais êxito no espaço social, deixando o mero âmbito dos especialistas. Boa parte do sucesso social dessa categoria pode ser visto no fato de que nela as pessoas percebem muito de seu cotidiano. O consumo e a comunicação das sociedades dos países ricos trazem para suas casas (quase) todo o mundo. De outro lado, a dissolução do bloco soviético e a remoção gradual dos escombros políticos e econômicos de seu legado levaram os países a adotar os princípios "modernos ocidentais" como regra de gestão e cotidiano. Do ponto de vista econômico, a liberação dos mercados de qualquer regulação estatal e o desenvolvimento exponencial da informática e da comunicação parecem ter ampliado a lei da oferta e da procura homogeneamente para todo o globo. Por mais profundo que seja o abismo entre a rede de relações econômicas mundiais, complexa e opaca, e a experiência corriqueira do cotidiano sem fronteiras, o conceito de globalização apresenta a vantagem de permitir lidar com os dois lados da questão, associando experiência do dia a dia e aparato analítico. Repetidamente se confirma o núcleo trivial do conceito: o mundo torna-se cada vez menor e realidades distantes aparecem mais e mais imbricadas. Simultaneamente o mundo torna-se também maior, pois o alcance das imbricações parece infinito e inapreensível. Assim, se se tomar em conta o entrecruzamento entre as sociedades particulares e a macro-sociedade global, pode-se com efeito aceitar sem muitas reservas que entrou-se na época da globalização. Nessa época, o específico (de nível local ou regional) é desafiado a afirmar-se tanto com o quadro global como contra ele, sob pena de perda de identidade.

Esse dilema convida os historiadores a entrar no debate. De um lado muita coisa lhes aparece como conhecida, embora a literatura sociológica ou politológica a apresente como nova. Como lembrado a propósito de Braudel, a título de exemplo não exaustivo, os historiadores da economia já descreveram com razoável precisão o processo de formação e expansão da integração da economia mundial. Dois requisitos de precisão são observados pelos historiadores: a descrição dos acontecimentos e sua interpretação em um quadro relacional de causas e efeitos.

Embora os historiadores procurem proceder com todos os cuidados, não raro recorrem a generalizações. Desde há muito a ciência histórica interpreta as mudanças experimentadas pelo mundo há mais de duzentos e cinqüenta anos empregando amplos conceitos de processo que, à semelhança dos já mencionados "ismos" (liberalismo, socialismo, etc.), transformaram-se — sobretudo na produção teórica do século 20 — em "ação": racionalização, industrialização, urbanização, burocratização, democratização, individualização, secularização, alfabetização, globalização, e assim por diante. Todos esses processos e suas respectivas épocas dependem uns dos outros de forma complexa e em ritmos temporais díspares. Têm em comum que são processos de longo prazo, ocorrem de forma diferente e em seqüências diversas nas distintas partes do planeta e provocam movimentos de mudança sem medida comum com as transformações do mundo pré-moderno. O meta-conceito criado para essa complexa rede de interações em velocidades aceleradas, que sintetiza em um processo integrado a miríade dos processos particulares referidos, é o de modernização.[15]

Já "globalização", pela palavra mesma, indica que designa um dos macro-processos do mundo moderno. Como a referência da globalização é de cunho espacial e econômico, antes de mais nada, não merece ser logo guindada ao nível mais alto, equiparada ou mesmo como substituta de "modernização". Globalização não é um processo necessário e irreversível, mesmo que aparente ser a única característica epocal neste início do século 21. Algo semelhante se pôde observar nos processos anteriores da modernização, que pareceram ser totais e definitivos, como a expansão colonial ou a fratura do mundo no período da Guerra Fria. Basta que se pergunte, por exemplo, se globalização tem um poder explicativo comparável a industrialização. Essa questão já representaria muito e enriqueceria notavelmente o leque interpretativo da história. Seria melhor que não se tivesse que lidar com o estoque de "-ações" com o qual se tece a rede cognitiva utilizada para explicar as relações entre povos, Estados e civilizações. Todas essas categorias podem ser aplicadas aos espaços regionais e nacionais, às sociedades neles instaladas e com eles identificadas, de uma forma ou de outra. Uma teoria da modernização, por conseguinte, sistematiza, dentre outros fenô-

---

[15] Hans-Ulrich Wehler. *Modernisierungstheorie und Geschichte*. Göttingen: Vandenhoeck & Ruprecht, 1975.

menos, o que se chama de globalização. No campo da história, assim, os espaços das economias-mundo (dentre os quais os do Atlântico) passariam a ser articulados na teia de entrecruzamentos das relações intercontinentais, internacionais, interculturais. Essa articulação é tanto mais necessária quanto os paradigmas valorativos, como os direitos humanos, por exemplo, se expandiram e passaram a circular para além de seus espaços de criação.[16] Temos assim uma agenda de pesquisa importante para os historiadores, para a qual faço aqui do Atlântico um exemplo programático. Ter-se-ia assim também uma aproximação inovadora das relações internacionais, pois já se tornou um *locus communis* que muito do nosso cotidiano depende de uma rede contemporânea de interdependências que somente se entende com a perspectiva histórica. Minha proposta é que essas redes já se constituíram, em escalas distintas, à maneira como proposta por Braudel, ao longo do passado. Importa sem dúvida ainda detalhar a agenda de pesquisa, para se alcançar um nível suficiente de compreensão que sustente a eventual teoria de uma transição epocal, de uma "era global" — para usar a expressão de Martin Albrow[17] — ou de uma "segunda modernidade", para recorrer a Ulrich Beck[18] ou a Anthony Giddens.[19]

5. O cerne da questão e as controvérsias

Na maior parte das propostas de definição do conceito de globalização, a expansão, a complexidade e a aceleração das relações internacionais desempenham um papel central. As definições seguem, no mais das vezes, questões analíticas referentes a situações contemporâneas. Por exemplo: se com a globalização está conexa a decadência do estado-nação ou seu desa-

---

[16] Cf. Estevão de Rezende Martins. "Direitos humanos em perspectiva história. Elementos de uma teoria multiculturalista comparativa", em Jessé de Souza (org.). *Multiculturalismo e racismo*. Brasília: Paralelo 15, 1997, pp. 171-188.

[17] Martin Albrow. *The Global Age. State and Society Beyond Modernity*. Stanford University Press, 1996.

[18] Ulrich Beck, Anthony Giddens e Scott Lash. *Reflexive Modernization.Politics, Tradition and Aesthetics in the Modern Social Order*. Cambridge: Polity Pres, 1994. Ulrich Beck e Edgar Grande. *Das kosmopolitische Europa: Gesellschaft und Politik in der Zweiten Moderne*. Frankfurt am Main: Suhrkamp, 2004.

[19] Will Hutton e Anthony Giddens (orgs.). *On The Edge. Living with Global Capitalism*. London: Vintage, 2000.

parecimento, ou se a homogeneização (alguns dizem mesmo: a pasteurização) cultural do mundo é conseqüência ou causa dela, ou se ela padronizaria universalmente as concepções e percepções de espaço e de tempo.[20] Tais debates sobre o significado da globalização mascaram costumeiramente juízos de valor algo sumários. Nos dois extremos do leque encontram-se os entusiastas e os críticos da globalização. Os primeiros louvam a eclosão de uma nova era de crescimento e de bem-estar universais. Os segundos fustigam a emergência da dominação global do grande capital dos países ocidentais, em detrimento da democracia, dos direitos dos trabalhadores, os países pobres em geral e do equilíbrio ecológico do planeta.

Um dos elementos comuns às diferenças correntes de pensamento que lidam com a globalização está na dupla suposição de que o significado do estado-nação está posto em cheque por ela[21] e de que as relações de poder entre estados e mercados se deslocam em benefício destes.[22] Os beneficiários dessa mudança, fomentada pelos governos nacionais mediante a facilitação do livre comércio, são os grandes grupos multinacionais, cujas atividades se desenvolveriam sem qualquer lealdade para com o respectivo país de origem, e que se instalariam onde os custos seriam os mais baixos. A semelhança com a situação nacional-internacional do período de expansão colonial e de conquista dos espaços oceânicos e de suas margens é flagrante. Não que se pudesse dizer, de forma acrítica, que Inglaterra, França, Espanha, Portugal ou Holanda já se estivessem mesclando desde o século 15. Muito pelo contrário.

As possibilidades de os governos dos estados nacionais influenciarem as políticas econômicas se veriam restringidas por tal evolução, inclusive por limitarem seu acesso a recursos primários e, principalmente, reduzirem suas receitas fiscais. O providencialismo estatal socialista esboroou-se, con-

---

[20] Cf. Gilberto Dupas. *Atores e poderes na nova ordem global. Assimetrias, instabilidades e imperativos de legitimação*. São Paulo: Editora Unesp, 2005, esp. cap. 3: O futuro dos estados nacionais, pp. 125-173.

[21] Cf. Estevão de Rezende Martins. *Cultura e poder*. Brasília: IBRI/FUNAG, 2001, esp. cap. 1.

[22] Susan Strange. *The Retreat of the State: The Diffusion of Power in the World Economy*. Cambridge: Cambridge University Press, 1996. Ver também Pierre de Senaclens. *Mondialisation, souveraineté et théories des relations internationales*. Paris: Armand Colin, 1998, p. 203: "L'accélération du processus de mondialisation affaiblit la capacité des États à défendre les modes de régulation économique et de justice distributive qui fondent la conception moderne de la citoyenneté".

tribuindo assim para a descrença no papel do Estado — o que, aos olhos dos entusiastas neoliberais da globalização, representaria um ganho no plano da liberdade pessoal, e, para os opositores à globalização, a irrupção da anarquia, de cuja desordem apenas os fortes tirariam proveito. O solapamento da soberania externa do Estado, em particular do estado-nação, de seu monopólio interno da força e de seu competência ou jurisdição de governo, é um dos temas centrais das ciências sociais contemporâneas.

Uma segunda característica da globalização, acerca da qual parece haver certa convergência, é sua influência sobre tudo aquilo que se designa com o coletivo-singular "cultura".[23] Globalização cultural, promovida pela tecnologia da comunicação e pela indústria cultural do ocidente, atuante em toda parte, foi entendida inicialmente como homogeneização, ao se constatar a prevalência generalizada da cultura americana de massa, em detrimento da multiplicidade das culturas tradicionais. Rapidamente, contudo, constatou-se existir uma outra tendência: o aparecimento de movimentos de protesto contra a globalização que dão um impulso novo à defesa das especificidades e identidades locais, mas que também se servem das novas tecnologias para alcançar mais eficazmente seus objetivos e para ter mais êxito em seus apelos à opinião pública. Roland Robertson chamou essa coincidência relativa de homogeneização e heterogeneização como uma "universalização do particular" e uma "particularização do universal" simultâ-

---

[23] O conceito de coletivo-singular na análise histórica foi consagrado por Reinhardt Koselleck em seu *Vergangene Zufunkt. Zur Semantik geschichtlicher Zeiten*. Frankfurt/Meno: Suhrkamp, 1979. P. ex. p. 12: "Methodisch konzentrieren sich die Studien auf die Semantik zentraler Begriffe, die geschichtliche Zeiterfahrungen gebündelt haben. Daber hat der Kollektivbegriff 'Geschichte' — eine Prägung des achzehnten Jahrhunderts — eine vorrangige Bedeutung". p. 51: "Es ist spannend zu verfolgen, wie sich unmerklich und unbewusst, schliesslich durch Nachhilfe zahlreicher theoretischer Reflexionen, die Pluralform von 'die Geschichte' zu einem Kollektivsingular verdichtet hat". p. 53: "Zu einer Zeit, da sich die Universalhistorie, die eine Summe von Singulargeschichten enthielt, in die 'Weltgeschichte' verwandelte, sucht Kant nach dem Leitfaden, der das planlose 'Aggregat' menschlicher Handlungen in ein vernünftiges 'System' überführen könnte". "Erst die Geschichte als System begriffen, ermöglicht eine epische Einheit, die den inneren Zusammenhang freilegt und stiftet". p. 54: "Der Kollektivsingular ermöglichte noch einen weiteren Schritt. Er liess es zu, der Geschichte jene den menschlichen Ereignissen und Leiden innewohnende Macht zuzuschreiben, die alles nach einem geheimen oder offenbaren Plan zusammenfügt und vorantreibt, eine Macht, der gegenüber man sich verantwortlich wissen konnte oder in deren Namen man handeln zu können glaubte".

neas.²⁴ Robertson é o responsável pela introdução, na linguagem político-econômica contemporânea, do neologismo "glocalização". Esse termo tenciona colocar em evidência que as tendências globais sempre influenciam decisões locais e não sobrevivem sem ser apropriadas localmente, com as alterações inevitáveis que decorrem do processo de apreensão e ajuste, por parte das comunidades locais (ou regionais) do que seria (supostamente) global. Os efeitos da transformação cultural por efeito da globalização são por vezes chamados de processo de hibridização, no qual se daria uma mescla criativa entre os novos elementos apropriados pela cultura e os tradicionalmente presentes nela.²⁵ Os meios de comunicação social, a mobilidade internacional de contingentes cada vez maiores de pessoas e o consumo de produtos cuja demanda se expressa no plano mundial são os três principais componentes do que se chamou de "glocalização". Esse processo por certo causa identificações e estranhezas. No primeiro caso, pessoas ou grupos assumem aspectos culturais que lhes parecem vantajosos (consumo, por exemplo, ou ainda solidariedade religiosa) e rejeitam os que lhes parecem invasivos ou deformadores (intervenção política, condicionamento financeiro, conflito ideológico, por exemplo). Uma ilustração eloqüente dessa circunstância pode ser vista nas duas margens do Atlântico no final do século 18 e no início do 19. Alberto da Costa e Silva relata que, em 1796, o governo de Lisboa remetera, da Bahia, dois padres brasileiros como embaixadores junto a Adarunzá VIII, rei de Abomé.²⁶ Um deles, o Padre Vicente Ferreira Pires, ainda lá estava quando falece o rei e acede ao trono seu sucessor, Adandozan. Costa e Silva chama a atenção para o fenômeno do estranhamento, malgrado o que se poderia ter constatado de regularidade no comércio e na política colonial no Atlântico: [Ferreira Pires] "descreveu [as cerimônias] com minuciosa incompreensão e todos dos preconceitos de sua formação eclesiástica e de seu tempo".²⁷ No lado ocidental do Atlântico prevalece, assim, o modelo europeu, que marca o espaço.

---

²⁴ R. Robertson: "Glokalisierung — Homogeneität und Heterogeneität in Raum und Zeit", em U. Beck (org.). *Perspektiven der Weltgesellschaft*. Frankfurt/Meno: Suhrkamp, 1998, pp. 192-220.

²⁵ Cf. Estevão de Rezende Martins, o. cit., cap. 2.

²⁶ Capital do Daomé (hoje Benin).

²⁷ Alberto da Costa e Silva, o. cit., p. 12. O estranhamento se exprime também no juízo preconceituoso (e pseudocientífico), típico do século 19, com que o conde de Gobineau, servindo como ministro da legação francesa no Rio de Janeiro em 1869--1870, julgou o mundo humano que observara: "Para essas nações ["nações cultas" euro-

Tendo em vista, contudo, que no século 20, a freqüência e a facilidade com que pessoas, mercadorias e, sobretudo, informações circulam por longas distâncias passaram a ser vertiginosas, o desafio à sustentação dos paradigmas de referência cultural de cada pessoa ou grupo se acentuou. Como assim? É que cada enraizamento mental ou espacial vem a ser constantemente contrastado com uma miríade de alternativas, complementares ou excludentes, conforme a rigidez da inserção histórica dos padrões de referência. Um exemplo forte é a polêmica alimentada, em 2006, em torno da liberdade de expressão da imprensa e as servidões religiosas.

Com essa modificação dos ritmos temporais e das percepções espaciais, muitos autores passaram a considerar a globalização desde essa perspectiva, falando de "compressão do espaço-tempo", para usar a expressão tomada emprestada da relatividade geral pelo geógrafo David Harvey.[28] Essa percepção modificada pode ser vista como uma terceira característica da compreensão da globalização pelas ciências sociais. São exemplos dessa compressão a expansão desenfreada do correio eletrônico, a banalização e o

---

péias], cada vez mais alimentadas pelos preconceitos pseudocientíficos que os desvios do darwinismo iam impondo ao pensamento europeu, não podia ser culto um país como o Brasil, de intensíssima miscigenação, um país onde, como dizia o conde de Gobineau ... ninguém "é de sangue puro" e "as combinações de casamento entre brancos, indígenas e negros são de tal modo multiplicadas que as nuanças de carnação são inumeráveis", produzindo "nas classes baixas, como nas altas, uma degenerescência do mais triste aspecto", p. 26.

[28] David Harvey. *The Condition of Postmodernity: An Enquiry into the Origins of Cultural Change*. Cambridge, MA: Blackwell, 1990. A compressão do espaço-tempo é, para Harvey, a mudança cultural mais importante na passagem do fordismo para a acumulação econômica flexível e da modernidade para o pós-modernismo. Um de seus exemplos destaca justamente a circulação das pessoas nos espaços de vida: durante quase 4 séculos (1500-1840), o tempo era vivido pelo alcance máximo da força das parelhas de cavalos e dos barcos à vela, cuja velocidade média ficava em torno de 13 km/h. O vapor dita o ritmo de meados do século 19 até por volta de 1930: locomotivas a 80 km/h e navios a 50 km/h. Após a Segunda Guerra a velocidade sobe aos céus com os aviões a hélice, predominantes a partir de 1950, voando a cerca de 500 km/h, e em seguida a reação, com velocidades médias acima de 900 km/h. O transporte terrestre acelera-se com os automóveis pessoais capazes de rodar a mais de 200 km/h e os trens de alta velocidade a mais de 300 km/h. Essas velocidades crescentes ilustram o que mudou em cada etapa da apreensão do espaço global. Conexa com a modificação da apreensão de espaço vem a mudança na percepção do tempo. Harvey utiliza essa obviedade para chamar a atenção para a transformação da sensibilidade geral das sociedades com relação a suas inserções espaciais e a suas lealdades culturais.

A revolução atlântica: fronteira ou traço de união?

barateamento das comunicações telefônicas, a transmissão de imagens "em tempo real", que criam uma sorte de presente comum, de comunidade virtual, pressupostos das relações, redes e sistemas mundiais, no interior dos quais a distância é irrelevante, diversamente da realidade geográfica e das épocas anteriores. O fator principal dessa percepção é a velocidade crescente da comunicação. O tempo lento das estruturas físicas e mentais, que dominou até o surgimento da navegação a vapor e das ferrovias, e que contribuiu para as economias-mundo locais, é radicalmente transformado no tempo rápido ou mesmo aparentemente inexistente.

Uma outra forma de expressar essa virtualidade comunicativa pode ser o termo "desterritorialização" ou "supraterritorialidade". Para muitas relações sociais, lugares, distâncias e fronteiras cessarão de ser decisivos. A globalização não é mais entendida como a interação acentuada entre sociedades ainda concebidas nacionalmente, mas como uma tendência para a dissolução da territorialidade e da vinculação dos Estados a espaços exclusivos — uma espécie de correspondente geopolítico da tese da perda de função do Estado em benefício dos mercados auto-regulatórios. *Mutatis mutandis*, pode-se pensar que o espaço atlântico do império colonial português no início do século 19 de certa maneira antecipou essa situação, se tomarmos como exemplo, dentre os muitos existentes, o fato de que os angolanos Eusébio de Queirós Coutinho Matoso Câmara e Fernando Martins do Amaral Gurgel Silva, dois dos três deputados eleitos às Cortes Gerais de Lisboa por Angola, ficaram no Brasil independente e nele fizeram destacada carreira política.[29] É de se insistir no caráter análogo da referência, pois o projeto a que esses dois ilustres "cosmopolitas lusitanos" aderem, envereda, naturalmente, pela afirmação de uma nova unidade nacional que contribuirá, por força mesma da necessidade de afirmar-se, para a transformação do espaço atlântico em fronteira.

---

[29] Cf. Alberto da Costa e Silva, o. cit., p. 12. Vale trazer o testemunho de Machado de Assis, décadas depois, para assinalar esse esboço de cosmopolitismo indireto de Eusébio de Queirós: "Eusébio de Queirós era justamente respeitado dos seus e dos contrários. Não tinha a figura esbelta de um Paranhos, mas ligava-se-lhe uma história particular e célebre, dessas que a crônica social e política de outros países escolhe e examina, mas que os nossos costumes, — aliás demasiado soltos na palestra, — não consentem inserir no escrito. De resto, pouco valeria repetir agora o que se divulgava então, não podendo pôr aqui a própria e extremada beleza da pessoa que as ruas e salas desta cidade viram tantas vezes. Era alta e robusta; não me ficaram outros pormenores." *O Velho Senado*. Em: Obra Completa de Machado de Assis. Rio de Janeiro: Nova Aguilar, 1994, vol. II, ed. eletrônica: http://www.cce.ufsc.br/~nupill/literatura/senado.html (acesso em 8.2.2006).

Seja sob a aparência da globalidade que todos teriam passado a levar em conta em seu pensar e agir, como pensa Martin Albrow, manifestamente à maneira como Kant concebeu o cosmopolitismo esclarecido,[30] seja sob a forma da sociedade em rede, como pensada por Manuel Castells,[31] globalização só pode ser entendida como a resultante de processos históricos de longa duração e de decurso não necessariamente regular e contínuo. Entrecruzamentos econômicos, políticos, culturais e militares ocorrem segundo dinâmicas próprias, impulsionados por circunstâncias não uniformes e nem sempre universais. Os efeitos desses entrecruzamentos variam de acordo com os lugares, os tempos e as estruturas sociais. É preciso, por conseguinte, ter presente que a globalização não pode ser tomada como um processo determinado, pré-programado, que de uma só tacada suprimiria as instituições tradicionais da organização coletiva dos homens, como os Estados, as empresas, as igrejas, a família, etc. Decerto as modifica, não raro mesmo profundamente, mas não as faz desaparecer como por mágica. Como James N. Rosenau, muitos "transformacionistas" consideram a globalização como um fenômeno do passado recente, impossível de ter existido sem o longo prazo da história mais remota. Uma dessas transformações foi a globalização relativa, já mencionada, da aventura colonial a partir do século 15. Uma outra é a oscilação dos espaços marítimos entre a condição de fronteiras, de marcos de separação, para zonas de contacto, para traços-de-união.

6. Dimensões da globalização

A globalização possui, por conseguinte, dimensões espaciais, econômicas, políticas e culturais. Sua geometria estabelece delimitações variáveis (alguns diriam: flutuantes), em função do período e da região em que se encontre. Assim, convém esboçar suas principais etapas na história das idéias para mais bem situá-la.

---

[30] *Idee zu einer allgemeinen Geschichte in weltbürgerlicher Absicht* (1784). Akademie-Ausgabe VIII, 15-31.

[31] Manuel Castells. *The Rise of the Network Society, The Information Age: Economy, Society and Culture.* Vol. 1. Cambridge, MA; Oxford, UK: Blackwell, 1996, 2ª ed. revista 2000; *The Power of Identity, The Information Age: Economy, Society and Culture.* Vol. 2. Cambridge, MA; Oxford, UK: Blackwell, 1997, 2ª ed. revista 2004; *The End of the Millennium, The Information Age: Economy, Society and Culture.* Vol. 3. Cambridge, MA; Oxford, UK: Blackwell, 1998, 2ª ed. 2000.

A revolução atlântica: fronteira ou traço de união?

O universalismo categorial dos precursores e fundadores da sociologia, de Montesquieu a Max Weber, foi gradativamente "nacionalizado", à medida em que os estudos se concentraram em investigar sociedades tidas por nacionalmente fechadas (a brasileira, a mexicana, a francesa, a alemã, a portuguesa, e assim por diante) e nitidamente separáveis de contextos mais abrangentes. A particularização nacional do universal sócio-político acompanhou o nacionalismo autárquico do século 19 pelo menos até meados do século 20, conquanto não tenha desaparecido. A universalização comercial e econômica, vertente ora prevalente da globalização, ainda está hipotecada aos nacionalismos que determinaram a conformação política do mundo contemporâneo. O confronto dessas duas concepções, gradualmente acentuado pelos fenômenos das migrações aceleradas, das trocas incondicionais e da comunicação ilimitada, veio a colocar em questão a idéia da sociedade como uma unidade coerente, fechada em si e claramente distinguível. Processo semelhante se dá entre os historiadores, mas manifestamente de modo mais vagaroso, pois sua esmagadora maioria continua especializada em suas respectivas histórias nacionais, como até os currículos de estudos universitários ainda testemunham. Há, contudo, desenvolvimentos recentes animadores, em particular com a evolução dos processos regionais de integração, dentre os quais destaca-se o da União Européia.[32] São eles: a história econômica mundial, a pesquisa das migrações, a história das relações internacionais e a história do imperialismo e do colonialismo.

A história econômica mundial, em termos práticos, tem-se concentrado na história do comércio internacional nos últimos anos, desde a intensificação dos fluxos financeiros internacionais, notadamente com a transformação do GATT em Organização Mundial do Comércio. A inserção comparativa das questões econômicas traz consigo também os aspectos sociais dos espaços de contacto (tanto para integração quanto para desintegração), como as migrações forçadas (escravismo colonial, por exemplo, do século 15 ao 19) e econômicas (decadência agrária, por exemplo: Itália nos séculos 19 e 20; excessos demográficos, por exemplo: Irlanda nos séculos 19 e 20; desequilíbrios de renda resultantes de combinação dos outros dois fatores: Polônia, por exemplo, no século 19). Temas como trabalho e renda, direitos humanos, políticos e sociais aproximam a história da economia da história política e social. A investigação das migrações, que inicialmente parecia vinculada exclusivamente à análise demográfica e à recomposição

---

[32] Cf. Maria Manuela Tavares Ribeiro. *A Ideia de Europa. Uma perspectiva histórica.* Coimbra: Quarteto, 2003.

das sociedades, adquire hoje uma dimensão renovada, por causa dos espaços de integração regional. Os espaços oceânicos aparecem também agora como uma malha de rotas de migração, de cunho fortemente econômico. Um dos filões mais interessantes, para o espaço atlântico até meados do século 19, foi o tráfico negreiro. Depois, as migrações leste-oeste (povoamento e expansão dos Estados Unidos, notadamente) e norte-sul (migração econômica da Europa a América do Sul e, parcialmente, para a África). No século 20, as migrações asiáticas para as Américas do Pacífico passam também a ser fatores de construção de espaços modificados de organização social e cultural. No caso do Brasil, a imigração japonesa representa um caso especial, que não encontra paralelo nos demais países da costa atlântica. A titulo de ilustração, pode-se ver os números por decênios, nas tabelas abaixo:[33]

Nacionalidade	Efetivos decenais				
	1884-1893	1894-1903	1904-1913	1914-1923	1924-1933
Alemães	22778	6698	33859	29339	61723
Espanhóis	113116	102142	224672	94779	52405
Italianos	510533	537784	196521	86320	70177
Japoneses	-	-	11868	20398	110191
Portugueses	170621	155542	384672	201252	233650
Sírios e turcos	96	7124	45803	20400	20400
Outros	66524	42820	109222	51493	164586
Total	**883668**	**852110**	**1006617**	**503981**	**717223**

---

[33] Fundação Instituto Brasileiro de Geografia e Estatística. Brasil: 500 anos de povoamento. Rio de Janeiro: IBGE, 2000. Apêndice: Estatísticas de 500 anos de povoamento. p. 226, acesso em 9.2.2006 a http://www.ibge.gov.br/brasil500/tabelas/imigracao_nacionalidade_84a33.htm.

A revolução atlântica: fronteira ou traço de união?

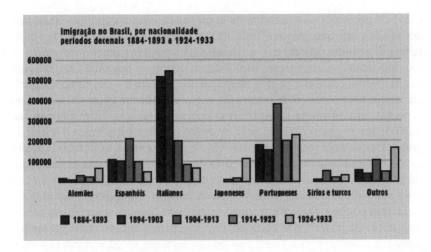

A menção à miscigenação migratória tem sua importância, na medida em que dela resultam alterações tanto na composição social quando na mentalidade das pessoas. Justamente um dos pontos mais destacados na análise dos movimentos migratórios é a migração de longa distância, para além dos mares oceanos.[34]

A história das relações internacionais, sucessora mais abrangente e menos oficialista, da história diplomática, alargou substancialmente o campo de análise das relações intra- e internacionais desde a segunda metade do século 20. A análise ganhou em vigor, em particular com os trabalhos de Jean-Baptiste Duroselle,[35] na França, de Adam Watson,[36] nos Estados Unidos, de Adriano Moreira,[37] em Portugal, e de Amado L.

---

[34] A bibliografia acerca desse tema é incomensurável. Pode-se ler, com proveito, para adquirir-se uma primeira visão do conjunto: Roger Bastide/ Florestan Fernandes. *Brancos e negros em São Paulo*. São Paulo, 2ª ed., 1959; A. Ramos. *O Negro na Civilização Brasileira*. Rio de Janeiro, 1956. Giralda Seyferth. *Imigração e Cultura no Brasil*. Brasília, Editora da Universidade de Brasília, 1990.

[35] Jean-Baptiste Duroselle (e André Kaspi). *Histoire des relations internationales de 1919 à nos jours*. Paris: Armand Colin, 2000-2004, ed. rev., 2 vv.; _____. *Todo império perecerá*. Brasília: EdUnB, 2000.

[36] Adam Watson. *Diplomacy: the Dialogue between States*. Londres: Rouledge, 2004.

[37] Adriano Moreira. *Teoria das Relações Internacionais*. Coimbra: Almedina, 1996.

Cervo,[38] no Brasil. A problema da conformação das identidades nacionais em regiões em que existem protonacionalismos, como diz Eric J. Hobsbawm,[39] permite aprofundar a investigação *ad intra* quanto *ad extra*. A multiplicação dos organismos multilaterais depois da Segunda Guerra Mundial também contribuiu para o alargamento dos estudos das relações internacionais. Os processos de integração regional colocam constantes desafios à perspectiva histórica comparativa, pois nem sempre correspondem ao traço de longo prazo deixado pela evolução política, econômica e social de grandes espaços, como no caso da África, por exemplo, cujo triplo pertencimento oceânico e marítimo não basta para superar as marcas de sua história colonial. Desenvolveu-se um proveitoso diálogo interdisciplinar da história com outras ciências sociais, notadamente a antropologia cultural e a economia política. Desses encontros resultaram abordagens criativas acerca da questão da história pós-colonial, decisiva para a interpretação do mundo contemporâneo e para a compreensão dos espaços de concorrência e integração. Um dos temas recorrentes deste campo de análise é, além da já mencionada "glocalização", o etnocentrismo em geral (e o eurocentrismo em particular).[40]

Essas quatro vertentes da pesquisa não cobrem, por certo, a multiplicidade de aspectos que a integração "mundial" representa. Nos anos 1990, em paralelo à generalização do termo "globalização", ressurgiu o interesse pela "história geral" ou "global", uma vez mais à maneira pela qual Braudel recomendava que se procurasse entender o entrecruzamento da ação racional do homem no tempo e no espaço. A teia das interdependências políticas, sociais, econômicas e culturais é fundamental para a apreensão significativa do mundo histórico enquanto produto do homem. A preocupa-

---

[38] Amado L. Cervo e Clodoaldo Bueno. *História da política exterior do Brasil*. Brasília: EdUnB, 2002. 2ª ed.; _____. e outros. *El Cono Sur. Una Historia Común*. Buenos Aires: Fondo de Cultura Económica, 2002; _____. *Relações internacionais da América Latina: velhos e novos paradigmas*. Brasília: IBRI, 2001.

[39] Eric J. Hobsbawn, "Popular Proto-Nationalism", em *Nations and Nationalism Since 1780: Programme, Myth, and Reality*. Cambridge: Cambridge University Press, 1990, p. 73. Hobsbawm define protonacionalismo como a consciência (de uma pessoa ou de uma comunidade) de pertencer ou de ter pertencido a uma entidade política duradoura.

[40] Dentre os textos mais representativos quanto a este ponto pode-se lembrar dois de grande destaque: Edward W. Said. *Culture and Imperialism*. Londres: Vintage, 1994, e Homi Bhabha. *O local da cultura*. Belo Horizonte: Editora UFMG, 2001 (ed. orig. 1994).

ção metódica de ter presente, ao menos no plano da prudência teórica, a "totalidade" dos componentes da complexa teia das ações individuais e sociais procura evitar todavia o risco sempre presente da história totalizante (que incorreria no equívoco clássico da indução generalizadora), a pouca distância do perigo denunciado por Jean-François Revel, da tentação totalitária.[41] Assim, a interdisciplinaridade nos estudos ecoa os entrecruzamentos empíricos, ao dirigir a investigação da "história global" para a história dos contactos e das interações entre as diversas civilizações e para a comparação entre elas. História global, entendida dessa forma, não se constitui como um campo próprio de pesquisa com métodos exclusivos, nem um dogma. Ela considera com alguma desconfiança a afirmação corrente de que o mundo se transforma inexoravelmente numa espécie de "aldeia global" ou que a história moderna se identifica incondicionalmente à "ascensão do Ocidente". Sua aplicação à análise dos espaços de contacto — como é o caso suposto do Atlântico, por exemplo — produz o assim chamado modo de aproximação "diagonal", comparativo, entre as histórias nacionais que marcam as identidades sociais tão profundamente. As relações entre as sociedades, os países e as civilizações passam a ser examinadas em sua complexidade maior do que os meros aspectos da política de poder e da economia de mercado.

A tentativa de delimitar o campo conceitual em que se move a história da globalização tem um segundo marco, além da categoria de economia-mundo, já referida. Trata-se da noção de "sistema mundial". Elaborada por Immanuel Wallerstein e proposta pela primeira nessa forma em 1974,[42] a categoria "sistema mundial" é um desdobramento da tese inicial de Braudel. Se se pode comparar a categoria braudeliana de economia-mundo a uma sorte de teoria explicativa que se detém nas "ilhas" político-econômicas de

---

[41] Jean-François Revel: *La tentation totalitaire*. Paris: Laffont, 1976. O alerta de Revel está marcado pela circunstância do marxismo político da Guerra Fria, para ele fonte do maior risco de distorção totalitária. A advertência vale, porém, adequadamente, na medida em que a dialética como método com freqüência leva à repetição do erro da generalização indutiva. Cf. Wolfgang Röd. *Filosofia dialética moderna*. Brasília: Editora da UnB, 1984.

[42] Immanuel Wallerstein. *The Modern World-System, vol. I: Capitalist Agriculture and the Origins of the European World-Economy in the Sixteenth Century*. New York/London: Academic Press, 1974; *vol. II: Mercantilism and the Consolidation of the European World-Economy, 1600-1750* (1980); *vol. III: The Second Great Expansion of the Capitalist World-Economy, 1730-1840's*. San Diego: Academic Press, 1989. *European Universalism: The Rhetoric of Power*. New York: New Press, 2006.

cada espaço marcado por uma determinada "identidade", a categoria "sistema mundial" de Wallerstein, sem abandonar as ilhas, dedica-se a compreender e explicar o que delas faz um "arquipélago" político e econômico. A referência de Wallerstein é a estruturação do mundo moderno do século 16 a meados do século 19, sob a forma da expansão do "capitalismo mundial" de raiz européia. A análise de Wallerstein ainda não se desenvolveu ao ponto de dar conta da crescente complexidade das relações contemporâneas, na medida em que os fatores de transformação local da matriz européia originária se multiplicam e se tornam mais e mais distantes da inserção cultural de origem. Três variáveis dessa análise são de grande utilidade: a escala móvel dos planos de investigação, do sistema como um todo até o pormenor da vida quotidiana, o estado nacional ficando em posição secundária; a incorporação constante, gradual e diferenciada, nos limites do sistema econômico, de cada vez mais regiões externas a ele; a categoria de "semi--periferia" para classificar sociedades cujas economias ainda não possuem as características dos países "centrais" mas que já ultrapassaram o estágio de "periferia".

7. Redes e espaços de interação

Nos espaços constituídos pela ação humana a análise das interações entre indivíduos e grupos é fundamental. Nesse sentido, operar com a noção de rede é importante. Não apenas cada possível rede isoladamente, como por exemplo a de comércio. Mas um sistema de redes. Um tal sistema, para poder ser identificado, tem de dispor de certa durabilidade (longo prazo) e de conformação institucional (por exemplo: Estados, comunidades de nações, blocos regionais, empresas transnacionais). Conquanto conserve determinado grau de flexibilidade, esse sistema não garante sua estabilidade enquanto forma de organização social. Ainda antes da proposta de Castells, John W. Burton, nos anos 1970, apresentara seu modelo das "teias de aranha" para apreender as relações sociais mundo afora.[43] Burton propôs, por exemplo, registrar num mapa mundi todos os telefonemas, todas as viagens ou todos os movimentos comerciais sem indicação das fronteiras geopolíticas. O mapa dá prioridade, pois, não aos espaços territoriais e a suas fronteiras, mas às interações sociais. As análises mais recentes promovidas, por exemplo, pelo Institut des Relations Internationales et Stratégiques, e reuni-

---

[43] John W. Burton. *World society*. Cambridge, University Press, 1972.

das nas duas edições já publicada de seu Atlas,[44] mesmo se mantém o desenho geopolítico das fronteiras dos Estados para efeito de orientação, coloca em evidência as diversas teias de interação que prevalecem crescentemente, sobretudo desde a queda do Muro de Berlim. As figuras que se têm neste tipo de mapa se assemelham às fotos de satélite do planeta, nas quais nenhuma fronteira é distinguível, mas apenas espaços de forte concentração humana com elevado grau de interação. É nesse tipo de "mundo de transações", como o diz Burton, que as interações se consolidam em redes, estruturas e sistemas.

As interações se consolidam, pois, em redes e estas em instituições que, como ocorre amiúde, são resultado de vontade política (por exemplo: alianças diplomáticas ou o ordenamento internacional do comércio) e ganham em estabilidade com o tempo. Como toda concepção universalizante, a tese do sistema de redes e de sua inserção espacial respectiva tem igualmente pontos fracos. Com efeito, há a tendência de simplificar processos sociais, de nivelar hierarquias e graus de poder, de banalizar profundidade e intensidade das relações. Que as redes de hoje superem as fronteiras de ontem não impede que criem novas fronteiras, em especial imateriais. A insistência com que Wallerstein recorda as contradições, os conflitos e os desequilíbrios no mundo contemporâneo e suas raízes históricas só pode ser bem-vinda. Wallerstein, aliás, não está só nessa tarefa. Giovanni Arrighi, na mesma linha de argumentação, ao estudar o século 20 como resultante das redes econômicas e comerciais, usa os entrecruzamentos em rede nos espaços econômicos para sustentar a tese de que o século é mais bem explicado no longo prazo do que na aceleração política que Hobsbawm vê na era dos extremos.[45] As interações não se distribuem de modo homogêneo. Seus pontos de intensificação formam espaços de interação parcialmente condicionados pelo mundo envolvente. Mesmo quando se relativiza o papel do estado-nação como unidade de referência, a investigação da interação e da comunicação em largos períodos do passado não se faz na escala planetária, mas na melhor das hipóteses em espaços delimitáveis, mesmo se os critérios de sua identificação não sejam forçosamente unívocos. Tais espaços são sem dúvida muito vastos e abrangem continentes e oceanos. A história da globalização é, em sua maior parte, a história da construção desses espaços a partir de interações e entrecruzamentos, assim como de suas interrelações.

---

[44] Paris: Hatier, 1997 e 2003.
[45] Giovanni Arrighi. *O longo século XX. Dinheiro, poder e as origens de nosso tempo.* São Paulo: EdUNESP/Contratempo, 2001. Eric J. Hobsbawm. *A Era dos Extremos. O breve século XX 1914-1991.* São Paulo: Companhia das Letras, 1999.

A imagem das redes não deve gerar a impressão exagerada de que tudo está cem por centro interligado. As interações têm direções específicas. Algumas, com efeito, são recíprocas e interativas, como o sistema de trocas, por exemplo. O tráfico transatlântico de escravos do período colonial foi unidirecional – o número de retornados à África foi tão pequeno que não se destaca na comparação. Apesar disso, o tráfico fez parte de uma rede tricontinental conhecida como "triângulo comercial", cujos efeitos sociais, políticos e econômicos marcaram mais profundamente as margens ocidentais do Atlântico do que as orientais. As cadeias de produção de mercadorias (commodities chains) – ou seja: a seqüência de matéria prima, semimanufaturados e serviços têm, à primeira vista, uma aparência linear. Da interação de diversas cadeias como esta, todavia, constituem-se espaços de interação econômica de alcance mundial. Somente com a ajuda de estatísticas, ou de estimativas para os períodos anteriores à era da quantificação, é que se pode estabelecer balanços da complexidade e da extensão desses entrecruzamentos de modo a identificar adequadamente tais espaços de interação.

Na perspectiva das linhas de partilha (fronteira) ou de coesão (traço de união), diversas questões surgem. Em primeiro lugar põe-se a pergunta sobre o alcance das interações e, em seguida, a sobre seu significado. Afinal faz diferença que um país como a França, por exemplo, tenha ficado praticamente fora da grande vaga de emigração européia para as Américas no final do século 19 e no início do século 20, malgrado sua influência nos processos de independência um século antes. Ou que um país tenha perdido parte substancial de sua população para a emigração, como a Irlanda: em 1914, dois terços dos irlandeses viviam no exterior, notadamente nos Estados Unidos. Em 1998, mais de 60% dos naturais de Cabo Verde se encontravam no exterior, sobretudo também nos Estados Unidos. Os critérios do alcance e do significado têm de ser articulados, pois redes locais sempre existiram. A mudança é que as grandes redes passaram a ter uma importância relativa maior no plano local. Com outras palavras: o longínquo torna-se mais e mais importante na vida das comunidades locais. Por volta de 1800, um produto "made in China", como porcelana ou seda, era uma raridade de luxo. Hoje, o mundo está inundado por produtos "made in PRC".

Os entrecruzamentos em rede podem ser ainda distinguidos segundo a intensidade e a velocidade dos contactos. Isso depende, naturalmente, da disponibilidade dos recursos técnicos apropriados e das condições organizacionais e institucionais correspondentes. Estrutura política e empresarial é necessária à produção, à utilização e à regulação do uso dos recursos técnicos. Por exemplo: o progresso nas técnicas de construção naval e de navegação marítima (o mesmo se pode dizer da aérea) foi crucial para a conformação dos espaços de circulação de pessoas, idéias e mercadorias. A otimização de tais recursos é igualmente estratégica para a obtenção dos fins organizacionais, quer econômicos quer políticos. Mas não só os tradicionais produtos (matérias primas, como minerais ou grãos) entram em linha. As experiências recentes decorrentes do afã de produtividade altamente lucrativa a custos reduzidos acarretam riscos graves à saúde humana, o que traz consigo, ademais, problemas de monta nas relações intersociais (sejam mencionadas, a título de exemplo, a síndrome de imunodeficiência adquirida ou a recentíssima gripe aviária). A circulação de informações e comentários, como no caso presente relativo às charges do profeta Maomé e às reações que provocaram ou que foram induzidas nas comunidades islâmicas, pode evidenciar a existência de paradigmas conflitantes no processo de globalização, que se suporia adequado à totalidade do planeta ou da sociedade humana.[46] O espaço aqui, uma vez mais, não é traço de união, mas fronteira contra a qual se chocam atores locais e pretensões universais.

Além da intensidade e da velocidade, interessa também identificar e avaliar a duração e a freqüência das interações. A reiteração regular pode constituir, a partir de interações específicas, uma rede constante, na qual os parceiros chegam a uma divisão estável do trabalho e adotam certa orientação pelas necessidades econômicas e pelos sistemas culturais simbólicos dos integrados ao processo interativo. Essas redes podem formar-se nos mais diversos planos da vida social, de acordo com os quais variam o alcance e a dinâmica dos processos. Assim, por exemplo, no processo de interação sul-atlântica por força da expansão da escravidão, a posição relativa das populações negras escravizadas em nada era comparável à de seus proprietários ou à da Coroa. Mas a interação se deu e gerou ritmos e intensidades que transformaram os parceiros do processo e as sociedades — em ambas margens do Atlântico, mas em graus diversos de profundidade — a

---

[46] Aqui não se retoma a polêmica causada por Samuel Huntington. Fica apenas a remissão ao seu *The clash of civilizations and the remaking of world order*. Nova Iorque: Simon & Schuster, 1996. Huntington, se não convence com sua análise universalizante, feita a partir do paradigma americano-cêntrico, tem razão em lembrar a cultura como fator de poder. Outra obra, publicada mais tarde em colaboração com Lawrence E. Harrison, reitera a tese, que é totalmente pertinente, mesmo se progresso humano e social seja visto, muito pobremente, como apenas econômico e comercial (*Culture matters: how values shape human progress*. Nova Iorque: Basic Books, 2000). Para uma análise mais detida da questão, remeto a meu *Cultura e Poder* (ver nota 12).

que pertenciam e que passaram a constituir. Essa situação vale também como exemplo da conformação espacial de redes que decorre de um forte centro político (como o das metrópoles coloniais) com inserção marcada em determinado espaço ou tornado preeminente por causa de uma acentuada tensão política ou militar (como no caso da Guerra Fria). Em função da cena política, pois, a dinâmica pode decrescer, parar ou mesmo recuar. Os movimentos de extensão, retenção, redução, diluição, concentração ou progressão dos processos interativos em espaços de contacto ou de ruptura são constantes. Esses movimentos, de longo, médio e curto prazos, são próprios tanto às interações quanto às instituições em cujo âmbito se dão ou que delas resultem. Ou seja: movimentos de interação espacial, política, econômica e social — como a globalização — podem sofrer reversão. Esse parece um dado historicamente observável.

Em suma: se globalização (setorial ou universal) é entendida como a formação, a consolidação e a relevância crescente das interações mundiais, o conceito ganha uma dimensão operacional que nada tem de absoluta ou rígida, nem mesmo de exclusividade atual. Ganha-se, pois, em recorrer a esse conceito como instrumento de qualificação das diversas formas de entrecruzamento em diversos mundos (espacial e temporalmente delimitados), de sua formação, de suas oscilações, de seus recuos, de suas intensidades, de seus efeitos. Circunscrito dessa forma, o conceito permite sua utilização para a análise das interações, dos entrecruzamentos surgidos nos espaços oceânicos, em especial no tão significativo — ao menos para os brasileiros – espaço atlântico.

Quando se deram processos de globalização setorial ou generalizada? Este ponto pode ser abordado desde duas diferentes perspectivas, complementares contudo. Uma, é a tradicional periodização em grandes capítulos temporais de amplo alcance e de efeitos universais. Outra, as fases de realização espacial, em tempos paralelos uns a outros, das economias-mundo setoriais. A tendência mais comum é a de adotar a primeira perspectiva, reduzindo os tempos alheios à cronologia ou à periodização européia, mesmo se os especialistas há muito concordam com a necessidade de diferenciar tempos e referências cronológicas. De certa maneira a padronização da referência temporal acaba sempre sendo produzida quando se narra uma história. Processos históricos certamente não transcorrem de modo uniforme e homogêneo, são diferenciados, por momentos mais rápidos, por outros mais lentos. A estruturação da narrativa histórica constrói sínteses que distribuem conteúdos, espaços e tempos em compreensões e explicações densas do passado como estratégia de decifração do presente e de planejamento do futuro. As datas utilizadas como marcos de referência generalizada são todas da história européia ou ocidental moderna: 1789, 1914, 1945, 1989. Os processos econômicos, técnicos, organizacionais, culturais (e quantos outros mais!) são demasiado complexos para perfilar-se numa única linha de tempo. O artificialismo de tal redução é óbvio. No entanto, a história não pode escusar-se de articular os entrecruzamentos cronológicos desses processos. A periodização da globalização é, pois, uma tarefa metódica útil e necessária.

É missão impossível pretender que a globalização seja um movimento contínuo que se tenha estendido por centenas de anos. Por outro lado, espero ter deixado claro que tanto sociedades pré-modernas como as modernas (em escalas diversas) não se reduziram apenas ao pequeno espaço vizinho de suas organizações espaciais aldeãs ou urbanas de pequeno alcance. Desde relativamente cedo, na organização política e econômica do mundo ocidental ao menos, encontram-se esboços de globalização (à maneira das economias-mundo) que não se universalizaram à maneira como se entende contemporaneamente. Esses sistemas de interação podem ser vistos como fazendo parte da pré-história da globalização atual. Wallerstein tem razão ao indicar que o processo de globalização de que somos hoje parte teve início com o desenvolvimento dos impérios coloniais português e espanhol a partir do século 16: começa-se aí a tecer uma rede continuada de complexidade crescente que gradativamente açambarca o planeta. A expansão européia e as relações comerciais colocam pela primeira vez a Europa, a África, a Ásia e a América em contato direto, que evolui até meados do século 18 para uma rede multilateral estável de interdependência assimétrica. Interdependência porque nenhuma dessas partes do orbe passa a poder viver sem as demais e assimétrica porque o acúmulo de poder nas mãos das metrópoles européias é desproporcionalmente maior do que a capacidade dos demais de exprimir-se ou de agir.[47]

Em meados do século 18 as interconexões transcontinentais, ao menos no plano econômico, estavam estabilizadas e tinham efeito regular sobre o sistema de funcionamento de todos os envolvidos. No período subseqüente tem-se dois fenômenos de grande destaque que contribuem fortemente para tornar mais densas e ainda mais complexas as redes de interrelação. Trata-se das revoluções políticas de independência estatal e da revolução industrial. A consagração (mesmo se em muitos casos apenas teórica) da sobera-

---

[47] Um dos indícios mais interessantes dessa interdependência pode ser visto já no *Theatrum orbis terrarum* (1570) de Abraham Ortelius, entre cujas fontes se encontra também G. Mercator. A visão de uma terra interconectada já em 1570 é no mínimo indicativa de uma percepção precoce.

nia política de espaços marcados pela história colonial e as transformações profundas das capacidades de produção, transporte e comunicação modificam gradual e constantemente a face do planeta de 1750 a 1880. Em paralelo com a autonomia das colônias dá-se um recuo da Europa sobre si mesma, mesmo se muito do que ocorre no espaço europeu repercuta mundo afora, O formato político e cultural dos espaços em processo de reordenamento "herda" o patrimônio mental europeu, como o modelo do estado-nação. O mundo passa a ser qualificado dentro de uma grade de referência categorial conhecida como "pensamento euro-ocidental".[48] Nas décadas de 1860 a 1880 aparecem no sistema mundial interdependências fortes e claras, algumas das quais podem ser apreendidas estatisticamente. A partir de 1880, contudo, retorna à cena o processo de politização das relações internacionais. As sociedades organizadas em estados nacionais fortalecidos tendem novamente a particularizar o mundo. Por que novamente? Porque até o início dessa fase (meados do século 18) os impérios eram "nacionais", mesmo se estendidos por toda parte. Após a centrifugação política do século 19 há pois o "retorno" à nacionalização (parcialmente conhecida também como segunda vaga colonial, na África e na Ásia, com a intervenção regular da França, da Itália e da Alemanha). A economia mundial permanece fator da política internacional, mas vinculada doravante à condição de fator de poder nacional (de prestígio, influência, dominação, hegemonia, controle, benefício nacional). As potências tornam-se "mundiais" e os conflitos entre elas logo passam a constar do quotidiano do mundo. Universaliza-se o particular uma vez mais. O conflito entre os particulares com pretensão de universalidade conduz a crises agudas e às guerras mundiais. É com a Grande Guerra de 1914-18 que o mundo toma consciência da profundidade de sua interdependência e das conseqüências generalizadas que dela advêm. Após 1945, o esforço intencional e intenso pela construção de uma ordem melhor no mundo se exprime por dois modelos concorrentes e excludentes, enraizados em dois blocos antagônicos. Nesse contexto desenvolvem-se as

---

[48] Durante longo período esse pensamento ocidental de matriz européia foi identificado com a concepção, os objetivos e o processo de modernização. Se Wehler (ver nota 15) mantém essa identificação, a queda do Muro de Berlim e o abalo provocado pelo desmoronamento das opções políticas do mundo socialista levaram autores como Roberto Kurz a colocar em dúvida a qualidade e a eficácia da modernização como conseqüência inexorável da modernidade racional de matriz européia. Cf. *O Colapso da Modernização*. Rio de Janeiro: Paz e Terra, 1993 (ed. orig. *Der Kollaps der Modernisierung. Vom Zusammenbruch des Kasernensozialismus zur Krise der Weltökonomie*. Frankfurt/Meno: Eichborn, 1991).

estruturas em cujo interior se articula o que se entende por globalização contemporânea, em especial por efeito da descolonização (não raro precipitada pelos acontecimentos e sem rede de socorro), grupos empresarias mundiais "desnacionalizados", política supletiva de apoio ao desenvolvimento econômico das regiões mais desfavorecidas, sociedade de consumo, circulação de informação e lazer, e assim por diante. Por outro lado, torna-se mais profunda a consciência de um componente entrementes parcialmente esquecido. Se as duas grandes guerras fizeram muitas sociedades sentir a dependência em que se encontraram na desgraça, os Trinta Gloriosos no Ocidente e a Guerra Fria em geral mascararam esse dado. A ameaça nuclear em primeiro lugar e o conhecimento crescente do risco de aniquilação proveniente dos desequilíbrios ecológicos profundos, tal cicatrizes comprometedoras deixadas pela industrialização e pela queima incontida de recursos energéticos, colocam à frente das sociedades (e de seus governos) a percepção de uma comunidade de destino. Não se pode ainda estimar para onde caminhamos nessas encruzilhadas do mundo. Sabe-se, contudo, – e bem – que a responsabilidade, mesmo se aparentemente nas mãos de poucos poderosos, só pode ser coletiva. O mundo não se recriou do nada em 1989-1991. A interdependência faz-nos viver num ecúmeno saturado de poderes impotentes. As cicatrizes do tempo são sargaços que retêm ou impedem a navegação. Parece que somente uma pilotagem de uma sociedade em que prevaleça o critério da humanidade como princípio poderia representar uma bússola confiável na arriscada navegação dos dias de hoje.[49]

8. Consciência histórica dos mundos atlânticos

A reflexão conduzida até aqui deu-nos três elementos para considerar: a) duplo caráter de fronteira e de traço de união que todo espaço de conformação social possui; b) o formato de mosaico que as economias-mundo e os impérios-mundo assumem, ao longo do período moderno recente (1750-1990), à maneira de globalizações relativas; c) a necessidade de entender a rede de interdependências da globalização contemporânea. À guisa de conclusão provisória, pode-se suscitar a questão de o quanto os processos de entrecruzamento e interdependência, em suas duas dimensões (universal e

---

[49] Cf. Jörn Rüsen. *What is Historical Consciousness? – A Theoretical Approach to Empirical Evidence*. Centre for the Study of Historical Consciousness, University of British Columbia, Vancouver, B.C. http://www.cshc.ubc.ca, 2001.

particular), chegam a estar presentes na consciência história dos indivíduos e das sociedades. Essa questão mais geral conduz forçosamente àquela quanto à consciência específica do pertencimento à comunidade marcada pelo espaço Atlântico.

A questão específica da consciência histórica, nas sociedades pertencentes ao mundo atlântico, de serem de algum modo vinculadas ao Atlântico não tem uma resposta unívoca. Desde ao menos Gilberto Freyre, para o Brasil, a miscigenação cultural da sociedade brasileira inclui sua africanidade.[50] A interpretação da identidade cultural da sociedade brasileira é uma missão em pleno movimento, atualmente. O ponto aqui, no entanto, não é retomar a polifonia das interpretações do Brasil, como um exemplo do eixo atlântico. Importa ter presente que o espaço do Atlântico marcou, transformou, consolidou, fez (e faz) evoluir as sociedades a seu ocidente e a seu oriente. Vale para o Brasil como para o Caribe, o Canadá ou os Estados Unidos. Em proporções diversas vale igualmente para a Europa. Não parece haver uma consciência generalizada desse pertencimento amplo a um espaço transnacional e transcontinental.[51] Ou de que a mescla de culturas e civilizações ao longo dos mais de quinhentos anos de história (in)comum instituiu uma rede de identidades interligadas com diferentes graus de ignorância mútua. O espaço do contacto, sob as condições de uma globalização que se define para além do mundo atlântico só, parece transformar-se de novo em espaço cortado por fronteiras.

Referências bibliográficas

ALBROW, Martin. *The Global Age. State and Society Beyond Modernity*. Stanford University Press, 1996

ALENCASTRO, Luís Felipe de. *O trato dos viventes. A formação do Brasil no Atlântico Sul*. São Paulo: Companhia das Letras, 2000

ARRIGHI, Giovanni. *O longo século XX. Dinheiro, poder e as origens de nosso tempo*. São Paulo: EdUNESP/Contratempo, 2001

---

[50] Gilberto Freyre. *Casa Grande e Senzala*. Rio de Janeiro: Livraria José Olympio Editora, 1933; *Interpretação do Brasil*. Coleção Documentos Brasileiros. n.º 56. Rio de Janeiro. Livraria José Olympio Editora, 1947.

[51] Cf. Júnia F. Furtado. Introdução, o. cit., p. 17: "[Este livro] tem como pano de fundo os diversos mares que interligaram os múltiplos pontos do império marítimo português. Mares que aproximavam e separavam os súditos do Rei de Portugal. .... assenta na idéia de identidade, intercâmbio, similitude ......".

BASTIDE, Roger e Florestan Fernandes. *Brancos e negros em São Paulo*. São Paulo, 2ª ed., 1959
BECK, Ulrich e Edgar Grande. *Das kosmopolitische Europa: Gesellschaft und Politik in der Zweiten Moderne*. Frankfurt am Main: Suhrkamp, 2004
BECH, Ulrich, Anthony Giddens e Scott Lash. *Reflexive Modernization. Politics, Tradition and Aesthetics in the Modern Social Order*. Cambridge: Polity Pres, 1994
BHABHA, Homi. *O local da cultura*. Belo Horizonte: Editora UFMG, 2001 (ed. orig. 1994)
BONIFACE, Pascal (org.). *Atlas des Relations Internationales*. Paris: Hatier, 1997 e 2003
BRAUDEL, Fernand. *Civilisation matérielle, Économie et Capitalisme. XVe-XVIIIe Siècle*. Paris: Armand Colin, 1979. 3 vols.
BRAUDEL, Fernand. *La Méditerranée et le monde méditerranéen à l'époque de Philippe II*. Paris: A. Colin, 1949
BURTON, John W.. *World society*. Cambridge, University Press, 1972
CASTELLS, Manuel. *The Rise of the Network Society, The Information Age: Economy, Society and Culture*. Vol. 1. Cambridge, MA; Oxford, UK: Blackwell, 1996, 2ª ed. revista 2000; *The Power of Identity, The Information Age: Economy, Society and Culture*. Vol. 2. Cambridge, MA; Oxford, UK: Blackwell, 1997, 2ª ed. revista 2004; *The End of the Millennium, The Information Age: Economy, Society and Culture*. Vol. 3. Cambridge, MA; Oxford, UK: Blackwell, 1998, 2ª ed. 2000
CERVO, Amado L. e Clodoaldo Bueno. *História da política exterior do Brasil*. Brasília: EdUnB, 2002. 2ª ed.
CERVO, Amado L. e outros. *El Cono Sur. Una Historia Común*. Buenos Aires: Fondo de Cultura Económica, 2002
CERVO, Amado L.. *Relações internacionais da América Latina: velhos e novos paradigmas*. Brasília: IBRI, 2001
COSTA E SILVA, Alberto. *Um rio chamado Atlântico. A África no Brasil e o Brasil na África*. Rio de Janeiro: Nova Fronteira, 2003
COUTO, Jorge. *A construção do Brasil*. Lisboa: Edições Cosmos, 1995
CUCHE, Denys. *La notion de culture dans les sciences sociales*. Paris: La Découverte, 2001, 2ª ed.
DUPAS, Gilberto. *Atores e poderes na nova ordem global. Assimetrias, instabilidades e imperativos de legitimação*. São Paulo: Editora Unesp, 2005
DUROSELLE, Jean-Baptiste (e André Kaspi). *Histoire des relations internationales de 1919 à nos jours*. Paris: Armand Colin, 2000-2004, ed. rev., 2 vv.
DUROSELLE, Jean-Baptiste. *Todo império perecerá*. Brasília: EdUnB, 2000
FRAGOSO, João e MANOLO, Florentino. *O arcaísmo como projeto: mercado atlântico, sociedade agrária e elite mercantil em uma economia colonial tardia: Rio de Janeiro, c.1790-c.1840*. Rio de Janeiro: Civilização Brasileira, 2001, 4ª ed.

FREYRE, Gilberto. *Casa Grande e Senzala*. Rio de Janeiro: Livraria José Olympio Editora, 1933; *Interpretação do Brasil*. Coleção Documentos Brasileiros. n.° 56. Rio de Janeiro. Livraria José Olympio Editora. 1947

Fundação Instituto Brasileiro de Geografia e Estatística. Brasil: 500 anos de povoamento. Rio de Janeiro: IBGE, 2000

FURTADO, Júnia F. (org.). *Diálogos oceânicos. Minas Gerais e as novas abordagens para uma história do Império Ultramarino Português*. Belo Horizonte: Editora UFMG (Coleção Humanitas), 2001

HARRISON Lawrence E. e SAMUEL Huntington. *Culture matters: how values shape human progress*. Nova Iorque: Basic Books, 2000

HArvey, David. *The Condition of Postmodernity: An Enquiry into the Origins of Cultural Change*. Cambridge, MA: Blackwell, 1990

HOBSBAWM, Eric J. "Popular Proto-Nationalism", em *Nations and Nationalism Since 1780: Programme, Myth, and Reality*. Cambridge: Cambridge University Press, 1990

HOBSBAWM, Eric J. *A Era dos Extremos. O breve século XX 1914-1991*. São Paulo: Companhia das Letras, 1999

HUNTINGTON, Samuel. *The clash of civilizations and the remaking of world order*. Nova Iorque: Simon & Schuster, 1996

HUTTON, Will e Anthony Giddens (orgs.). *On The Edge. Living with Global Capitalism*. London: Vintage, 2000

KANT, Immanuel. *Idee zu einer allgemeinen Geschichte in weltbürgerlicher Absicht* (1784)

KOSELLECK, Reinhardt. *Vergangene Zufunkt. Zur Semantik geschichtlicher Zeiten*. Frankfurt/Meno: Suhrkamp, 1979

KURZ, Roberto. *O Colapso da Modernização*. Rio de Janeiro: Paz e Terra, 1993 (ed. orig. *Der Kollaps der Modernisierung. Vom Zusammenbruch des Kasernensozialismus zur Krise der Weltökonomie*. Frankfurt/Meno: Eichborn, 1991).

MACHADO DE Assis. *O Velho Senado*. Em: Obra Completa de Machado de Assis. Rio de Janeiro: Nova Aguilar, 1994, vol. II, ed. eletrônica: http://www.cce.ufsc.br/~nupill/literatura/senado.html.

MARTINIÈRE, Guy (org.) *Le Portugal et l'Europe Atlantique, le Brésil et l'Amérique Latine. Mélanges offerts à Frédéric Mauro*. Arquivos do Centro Cultural Calouste Gulbenkian. Lisboa-Paris: Centro Cultural Calouste Gulbenkian, 1995. p. 131-135

MARTINS, Estevão de Rezende. "Direitos humanos em perspectiva história. Elementos de uma teoria multiculturalista comparativa", em Jessé de Souza (org.). *Multiculturalismo e racismo*. Brasília: Paralelo 15, 1997, p. 171-188

MARTINS, Estevão de Rezende. *Cultura e poder*. Brasília: IBRI/FUNAG, 2002

MATTOS, Ilmar Rohloff de. *O tempo saquarema*. São Paulo: Hucitec, 1987

MAURO, Frédéric. *Le Portugal et l'Atlantique au XVIIe Siècle*. Paris: SEDES, 1960

MOREIRA, Adriano. *Teoria das Relações Internacionais*. Coimbra: Almedina, 1996

ORTELIUS, Abraham. *Theatrum orbis terrarum* (1570)

OSTERHAMMEL, Jürgen e Niels P. Petersson. *Geschichte der Globalisierung. Dimensionen, Prozesse, Epochen*. Munique, Beck, 2004, 2ª ed.
PALMER, Robert R. *The Age of Democratic Revolution. A Political History of Europe and America. 1760-1800*. Princeton: University Press, 1959-1964. 2 vols.
RAMOS, Arthur. *O Negro na Civilização Brasileira*. Rio de Janeiro, 1956
REVEL, Jean-François: *La tentation totalitaire*. Paris: Laffont, 1976
ROBERTSON R. "Glokalisierung – Homogeneität und Heterogeneität in Raum und Zeit", em Ulrich Beck (org.). *Perspektiven der Weltgesellschaft*. Frankfurt/ /Meno: Suhrkamp, 1998
RÖD, Wolfgang. *Filosofia dialética moderna*. Brasília: Editora da UnB, 1984
RÜSSEN, Jörn. *What is Historical Consciousness? – A Theoretical Approach to Empirical Evidence*. Centre for the Study of Historical Consciousness, University of British Columbia, Vancouver, B.C., 2001
SAID, Edward W. *Culture and Imperalism*. Londres: Vintage, 1994
SENACLENS, Pierre de. *Mondialisation, souveraineté et théories des relations internationales*. Paris: Armand Colin, 1998
SEYFERTH, Giralda. *Imigração e Cultura no Brasil*. Brasília, Editora da Universidade de Brasília, 1990
STRANGE, Susan. *The Retreat of the State: The Diffusion of Power in the World Economy*. Cambridge: Cambridge University Press, 1996
RIBEIRO, Maria Manuela Tavares. *A ideia de Europa. Uma perspectiva histórica*. Coimbra: Quarteto, 2003
TURNER, Frederick Jackson. *The Frontier In American History*. 1927
WALLERSTEIN, Immanuel. *European Universalism: The Rhetoric of Power*. New York: New Press, 2006
WALLERSTEIN, Immanuel. *The Modern World-System, vol. I: Capitalist Agriculture and the Origins of the European World-Economy in the Sixteenth Century*. New York/London: Academic Press, 1974; *vol. II: Mercantilism and the Consolidation of the European World-Economy, 1600-1750* (1980); *vol. III: The Second Great Expansion of the Capitalist World-Economy, 1730-1840's*. San Diego: Academic Press, 1989
WATSON, Adam. *Diplomacy: the Dialogue between States*. Londres: Rouledge, 2004
WEHLER, Hans-Ulrich. *Modernisierungstheorie und Geschichte*. Göttingen: Vandenhoeck & Ruprecht, 1975

Rui Cunha Martins

Fronteira e função: o caso europeu

Universidade de Coimbra

Rui Cunha Martins é Professor Auxiliar da Faculdade de Letras da Universidade de Coimbra e Professor Visitante das Universidades de Recife (UFPE), Porto Alegre (PUCRS) e Curitiba (UFPR). É autor, entre outras, das seguintes publicações: «Estado, Tempo e Limite», *Revista de História das Ideias,* Faculdade de Letras, Coimbra, vol. 26, 2005; «Portugal, la integración europea y la integración ibérica: reflexión portuguesa sobre las fronteras europeas», *Revista de Estudios Europeos*, Valladolid, n.º 44, 2006; *A Dogmática do Limite*, Coimbra, Almedina, 2007.

Por definição, qualquer iniciativa de *integração* solicita um esforço paralelo de *demarcação*; em rigor, a integração *é*, constitutivamente, essa demarcação. O debate europeu dos últimos anos tem apontado de modo inequívoco o problema das fronteiras como um dos desafios mais salientes do projecto europeu. Nem sempre, contudo, a questão tem sido colocada da melhor forma. Ainda em Março de 2006 o Parlamento Europeu pedia à Comissão que fornecesse uma "definição operacional da capacidade de absorção da UE", onde se indicassem, nomeadamente, critérios tendentes a determinar quais as fronteiras geográficas da Europa. Uma vez mais, o sentido da demanda é questionável. Dir-se-ia, com efeito, que a pergunta "por onde passam as fronteiras da Europa?" se tem imposto a uma outra, que me parece mais eficaz e que é a seguinte: "quais as fronteiras constitutivas da Europa?". No primeiro caso, solicita-se, fundamentalmente, uma determinação que dê por resolvido o problema; no segundo, aceita-se o problema como inerente à ideia e à construção europeias. É justamente esta a perspectiva em que me coloco: a da fronteira como mecanismo ordenador das várias escalas europeias.

Deste ponto de vista, qualquer análise deverá ter em consideração, pelo menos, quatro níveis problemáticos do fenómeno: o da definição de fronteiras; o da mobilidade de fronteiras; o da articulação de fronteiras; e o da regionalização de fronteiras. Trata-se de quatro dimensões fortemente complementares, cuja conjugação nem sempre procede do mesmo modo, nem com os mesmos efeitos. Ao ponto de ser possível sustentar que essa incidência diferencial é não apenas a expressão de diferentes escalas europeias mas um dos mecanismos produtores das diferentes escalas europeias. Vejamos o assunto mais de perto.

Primeiro nível problemático: definição de fronteiras

Existem, genericamente falando, duas modalidades possíveis de definir uma fronteira: ou uma demarcação "pelo exterior"; ou uma demarcação "pelo interior". A Europa vive, inevitavelmente, na tensão entre ambas, embora não pareça muito ciente desse facto.

A *demarcação pelo exterior* corresponde ao modelo de definição mais clássico, sendo aquele que associamos de modo mais imediatista à definição das fronteiras: de acordo com este, uma entidade política, cultural ou económica delimita-se, em primeira instância, com base na definição das suas exterioridades, isto é, a partir do estabelecimento de determinados critérios de relacionamento capazes de determinar, com o rigor possível, as condições de diferença, inclusão, exclusão, filtragem ou transgressão que deverão regular o fluxo relacional com outras entidades. O seu resultado mais pragmático expressa-se em políticas de delimitação, de expansão, de cooperação ou de enfrentamento.

Já a modalidade a que chamámos *demarcação pelo interior* assenta numa lógica diversa. Digamos que, agora, a entidade a demarcar se define, em primeira instância, em moldes designativos, auto-afirmativos, a partir da afirmação daquilo que é, na convicção de que os seus limites estarão, precisamente, lá onde essa entidade deixar de ser. Porque, aqui, a sua diferença originária é o quadro dos seus elementos característicos; e o seu primeiro factor de singularidade é o projecto que a anima. Trata-se, em linguagem epistemológica, de uma definição ostensiva. Se a anterior modalidade aposta no limite para vincar uma posição, esta ostenta a respectiva posição para produzir os correspondentes limites. Se aquela se realiza enquanto regulação, esta realiza-se enquanto pólo de atracção. De alguma maneira, esta modalidade de "demarcação pelo interior" encontra a sua mais emblemática expressão na consagrada imagem da Europa como entidade estruturada sobre os valores da democracia, da paz e do desenvolvimento e que, a partir do magnetismo por eles irradiado – ou especialmente a partir desse magnetismo –, se abre à descoberta das suas fronteiras.

É possível sustentar que, em boa medida, a história da construção europeia é a história da harmonização destas duas modalidades. Trata-se, porém, de uma harmonização tensa. O que se compreende. Desde logo, porque a activação preferencial de uma ou de outra, ou, melhor dizendo, o respectivo lugar tópico, variou sensivelmente consoante a conjuntura histórica considerada. Assim, em 1986, por altura da adesão de Portugal e Espanha à Comunidade Europeia,[1] dir-se-ia que a modalidade de definição "pelo interior" suplanta os restantes modelos em presença, o que significa que a Europa, ao receber os dois países ibéricos, como que se limita a dar resposta, com essa integração, à sua capacidade atractiva sobre o exterior. Já quanto à integração a leste, em 2004,[2] tudo indica que esse mesmo móbil, se bem que inegavelmente presente, se manifesta em paralelo com uma outra preocupação forte, qual seja a de uma Europa que procura responder a novos desafios estratégicos e económicos e, com eles, a uma necessária redefinição das suas exterioridades pertinentes, quer dizer, uma Europa que se redefine enquanto se expande.

---

[1] Royo, 2005; Silva, 2005; Pinto e Teixeira, 2005; Ribeiro, 2004; Martín de la Guardia y Pérez Sánchez, 2001; Tello e Torre Gómez, 2000.

[2] Pereira Castañares y Sanz Díaz, 2001.

Por outro lado, cada uma daquelas modalidades de definição da fronteira europeia potencia determinados riscos. Assim, por exemplo, uma Europa de vocação expansiva que privilegie a definição das suas exterioridades pertinentes, como é a da recente conjuntura do "alargamento", pode ser facilmente vítima da "mentira neo-liberal, que parte do princípio de que a integração da Europa pode ser feita unicamente em bases económicas, que isso é perfeitamente suficiente e que procurar uma integração social e política é supérfluo, senão pernicioso", o que justifica "a ultrapassagem das fronteiras nacionais *por força da economia*", fazendo com que "os fundamentos sociais e políticos do projecto europeu continuem num estado subdesenvolvido".[3] Nesta óptica, "o processo de "alargamento" da União aos novos países membros, parece marcar verdadeiramente a irreversibilidade de uma entrada da Europa nas lógicas da mundialização capitalista", ao mesmo tempo que dá por adquirida a equivalência entre construção europeia e postulado económico liberal.[4]

Por outro lado, são hoje também patentes as armadilhas contidas no modelo a que chamámos o da definição da fronteira europeia "desde o interior". Repare-se como a incomodidade com o alastramento da União em diversas direcções tem levado distintos sectores políticos a crisparem o seu posicionamento defensivo em torno, precisamente, de uma identidade europeia que se crê demarcada com base num quadro de valores e de referências histórico-culturais rígidos, o suficiente, pelo menos, para a partir deles procurarem definir umas quantas fronteiras de exclusão.

Na verdade, a impressão com que se fica é a de que, neste preciso momento, as duas modalidades demarcatórias da fronteira europeia aparentam ter perdido o tendencial sentido de equilíbrio e de complementaridade, ameaçando resvalar para uma curto-circuitagem mútua: sirva de exemplo o caso da incorporação da Turquia, em que a pretexto do debate sobre a delimitação externa da Europa se põe verdadeiramente em causa o âmago do projecto europeu, ao procurar reconverter a definição "interior" da Europa-pólo-de-atracção numa Europa-clube -cristão, com isso lesando, de resto, o magnetismo do génio europeu e, por arrasto, a própria capacidade interventiva da Europa sobre as fronteiras da democracia.

---

[3] Beck, 2006.
[4] Balibar, 2005.

Segundo nível problemático: mobilidade de fronteiras

Falar, hoje, numa problemática da fronteira europeia é também, obrigatoriamente, reflectir sobre o elemento da mobilidade, quer dizer, sobre a propensão das fronteiras actuais para se deslocarem, redefinindo, nesse movimento, novas cartografias dos espaços e das pertenças identitárias e cívicas. Só neste contexto, aliás, se poderão entender os rumos da cidadania europeia, ou, melhor dizendo, os rumos das cidadanias emergentes à escala da Europa.

Uma coisa parece segura: os tradicionais paradigmas da cidadania estão hoje espartilhados entre os referenciais da cidadania estadual e as evidências das *cidadanias múltiplas*[5]. Neste âmbito, a questão da compatibilização entre as "cidadanias nacionais" e a "cidadania europeia" é apenas uma das dimensões de um problema mais fundo, mesmo paradoxal, ao nível do Estado de direito democrático: o da presente dissonância "entre um *direito fundamental* constitucionalmente plasmado – o direito à cidadania, ligado, em via de regra, a um estatuto de nacionalidade – e um *direito humano* – o direito dos "não cidadãos" beneficiarem dos direitos (pelo menos de alguns deles) inerentes ao estatuto de cidadania". Afinal: "É a cidadania um direito fundamental ou um direito humano?"[6]

Certa mesmo é a necessidade de um novo entendimento da(s) cidadania(s). E se é verdade que o multiculturalismo como conceito referencial de uma nova modelação cidadã não parece capaz de fornecer vias alternativas em número superior aos nós cegos que tem produzido em contexto europeu,[7] também as propostas (como por exemplo a de Habermas[8]) de entendimento da Europa como um novo projecto cosmopolita não parecem conter uma pulsão concretizadora equivalente à justeza dos seus pressupostos teóricos. É provável que a matriz do problema se situe, sobretudo, ao nível de algumas dimensões muito precisas do actual panorama de mobilidade das fronteiras europeias. Uma delas é a compatibilização entre circulação e imigração. Outra, é a compatibilização entre securitarismo e garantismo.

Dando por válida a leitura dos que apontam a circulação e a mobilidade como os verdadeiros desafios dos próximos cinco, dez, vinte e cinco

---

[5] Canotilho, 2005.
[6] Idem.
[7] Catroga, 2006.
[8] Habermas, 1996; cf. também Beck y Giddens, 2005.

anos, durante os quais se tornará forçoso tornar os nossos sistemas administrativos e políticos tão flexíveis e adaptáveis quanto as motivações das pessoas para se movimentarem, então haverá de reconhecer-se que, como sustentam essas mesmas leituras, "a actual batalha contra a imigração ilegal é um desperdício de dinheiro e que, por exemplo, os EUA poderiam reduzir em muito a emigração ilegal se fizessem do México um parceiro" – conselho válido também para a Europa.[9] E, de facto, quando sabemos das dificuldades económicas por que passa a agência europeia de coordenação de fronteiras da UE (designada "Frontex") para efeitos do patrulhamento das águas atlânticas, somos tentados a reconhecer a pertinência da ideia. Contudo, mesmo se é fácil aceitar o postulado de que "há que facilitar a mobilidade e geri-la", não se vislumbra, sob risco de total desregulação e desequilíbrio, no quadro europeu actual, qualquer possibilidade de prescindir de mecanismos de filtragem dos fluxos imigratórios, mais parecendo que o verdadeiro desafio que para já – para já, repito – é lícito colocar é afinal, é ainda, o modo de compatibilizar (ou seja, gerir) o potencial da circulação com a inevitabilidade da imigração.

Entretanto, convirá de igual forma estar atento a essa outra compatibilidade inadiável entre securitarismo e garantismo, uma equação igualmente resultante do deslocamento de fronteiras produzido nos últimos anos. Percebe-se o alcance das recentes palavras do Ministro da Defesa português: "No passado, a fronteira da segurança europeia estava em Berlim. Hoje, transferiu-se para o Médio Oriente. É lá que está o centro de gravidade dos conflitos internacionais e das ameaças à segurança europeia. E, ontem como hoje, na guerra fria como nos nossos dias, a fronteira da segurança portuguesa é a fronteira da segurança europeia".[10] Inegavelmente, os alinhamentos europeus de Portugal, ao mesmo tempo que produzem o deslocamento estratégico da fronteira, contraem obrigações em matéria de segurança e defesa. Convirá, porém, que essa postura solidária não seja pretexto para a instalação gradual de um direito penal excessivamente securitário, o qual, mesmo se auto-justificado com a preservação da segurança europeia, é ameaça insustentável ao magnetismo europeu estruturado sobre a democracia e o Estado de direito. O perigo, aqui, é o da insinuação do chamado "Estado punitivo", com o seu cortejo de restrições: adopção de uma cultura de controlo; proliferação de leis de emergência; contracção de espaços livres de Direito; sugestão de um "direito penal do inimigo"; entre

---

[9] Papademetriou, 2006.
[10] Teixeira, 2006.

outras.[11] O argumento insuportável de que a redução de direitos, liberdades e garantias (suportada em reais problemas de aumento da criminalidade, ou estribado na prevenção anti-terrorista) corresponde a uma redução de liberdade que visa salvar a própria liberdade, é fundadamente anti-europeu: não tanto porque envergonhe os fundamentos europeus, mas sobretudo porque expõe a incapacidade europeia para encontrar uma via crítica do assunto, idealmente distinta da dos seus parceiros no jogo estratégico internacional.

Terceiro nível problemático: articulação de fronteiras

De alguma maneira, as questões levantadas nos pontos anteriores já nos foram introduzindo no carácter problemático com que é vivida a forçosa convivência entre as diversas escalas em presença no contexto europeu. Trata-se, na sua maioria, de questões de sobreposição de escalas. Pelo que a tarefa parece ser, desta feita, a da sua necessária articulação.

A complexidade do assunto reside no facto de as fórmulas orgânicas e institucionais pós-estatais ou supra-nacionais não poderem, maugrado a sua imposição tendencial, ignorar a permanência das velhas fórmulas, nomeadamente no quadro da estatalidade.[12] Com efeito, a escala nacional de referência dá mostras de persistir a diferentes níveis da realidade europeia: pense-se, a título de exemplo, nas inúmeras manifestações de proteccionismo e de "patriotismo económico" que põem a descoberto instintos nacionalistas e proteccionistas antes guardados para as relações externas europeias mas agora internamente esgrimidos, numa tendência pouco compaginável com os caminhos da integração europeia, mais parecendo uma expressão da tantas vezes citada "fadiga do alargamento". E pense-se, em simultâneo, no ressurgimento de alguma propensão teórica para voltar a erigir o "nacional" como princípio ontológico, na pressuposição de que uma Europa pós-nacional só poderá ser uma Europa pós-democrática e de que quanto mais Europa, menos democracia. Ora, como bem lembra Beck, aquele tipo de argumentação "esquece que a Europa caminha para a democracia por uma via que não é nem pode ser idêntica à dos Estados-nação tomados como padrão. O processo europeu pertence a outra categoria, quanto mais não seja porque se a UE se formou a partir dos Estados mas não

---

[11] Costa, 2005.
[12] Martins, 2005.

é, ela própria, um Estado, no sentido clássico, mas um império do consenso e do direito". Além de que "podemos questionar se os modelos de democracia desenvolvidos pelo Estado moderno se aplicam à UE ou se, para dar legitimidade à política europeia, não seria necessário desenvolver modelos diferentes, pós-nacionais".[13]

Estas considerações não podem, naturalmente, omitir aqueles múltiplos aspectos em que o Estado desempenha funções insubstituíveis, seja em matéria de referencialidade, seja em sede de regulação, seja em outras áreas. Até porque, em rigor, os Estados europeus (ao contrário do que acontece nos sistemas federais) não delegaram no centro europeu as decisões do foro da política externa e da defesa, nem resolveram a questão da democracia supranacional. Neste ponto, por conseguinte, o peso das fronteiras estatais persiste, de forma indelével, autorizando supor que qualquer vertente da construção europeia que se efectue no desconhecimento explícito deste facto corre sério risco de impossibilidade. A compreensível vontade de reformular os processos de decisão europeus, conferindo mais poder aos centros governativos e permitindo cooperações reforçadas no domínio da política externa e da defesa, deve pois entrar em linha de conta com este aspecto. Motivos bastantes, estamos em crer, para a aposta em modelos que articulem as diferentes escalas vigentes no terreno, ao invés de insistir numa leitura do tempo histórico como substituição mais ou menos linear de uma por outra. Mas não será precisamente este esforço de articulação o desígnio de um texto constitucional europeu? Não será este o desígnio do próprio conceito de interconstitucionalidade?

A ideia de interconstitucionalidade remete precisamente para "o estudo das relações internacionais de concorrência, convergência, justaposição e conflitos de várias constituições e de vários poderes constituintes no mesmo espaço político, enfrentando assim o intrincado problema da articulação entre constituições e da afirmação de poderes constituintes com fontes e legitimidades diversas [devendo por isso abordar-se numa] perspectiva amiga do pluralismo de ordenamentos e de normatividades".[14] A sua aplicação acorda-se, portanto, conforme assinala Canotilho, com um tempo histórico marcado pela "transformação das ordens jurídicas nacionais em ordens jurídicas parciais, nas quais as constituições são relegadas para um plano mais modesto de *leis fundamentais regionais*. Mesmo que as constituições continuem a ser simbolicamente a magna carta da identidade nacional, a sua

---

[13] Beck, 2005.
[14] Canotilho, 2006.

força normativa terá parcialmente de ceder perante novos fenótipos organizativos, isto é, "associações abertas de estados nacionais abertos".[15]

Quarto nível problemático: regionalização de fronteiras (o caso português)

Em síntese. O quadro dos desafios europeus é vasto; o das tensões também. Como o sentem os portugueses? Como avaliam eles a problemática europeia, situados em 2006, vinte anos após a sua adesão à Europa? Sigamos os inquéritos Eurobarómetro relativos aos dois últimos anos.[16] Primeira constatação: a questão democrática é já um dado adquirido, tanto como a paz e a estabilidade. Os portugueses não imputam directamente à Europa essas aquisições, ou, pelo menos, não estabelecem hoje uma relação entre o que consideram matéria consolidada e o enquadramento europeu. E quanto aos problemas mais "quentes" do dossier europeu? Uma eventual entrada da Turquia não é problema. O alargamento europeu em geral também não: se é certo que assusta quanto à deslocalização das empresas e aos efeitos possíveis no emprego, reconhecem-se-lhe, ainda assim, as possíveis vantagens. Bem assim, nem a imigração ou o terrorismo causam receio particular. Não há reservas significativas à Constituição europeia; nem, de resto, ao reforço das instituições comunitárias, em quem, aliás, os portugueses confiam. O ponto nevrálgico, aquele que verdadeiramente conta, é a crise económica: desemprego; situação económica; inflação. São estas, por esta ordem, as preocupações maiores dos portugueses, o que aproxima mesmo Portugal, neste aspecto, mais dos países novos membros do que da Europa dos quinze.

Ora, um país que não se teme da maior parte dos problemas mais "ruidosos" à escala europeia, mas que, em contrapartida, parece obcecado com a sua viabilidade económica, surge, naturalmente, neste início do século XXI, muito mais vocacionado e disponível para reflectir a outras escalas. Escalas mais directamente implicadas na sua situação económica e tidas por mais convenientes ao que se acredita ser a real dimensão dos seus problemas. Escalas regionais, com certeza. Escalas ibéricas, em suma. É por isso que a Espanha é, neste momento, vinte anos após a adesão conjunta dos dois países à Europa, a escala referencial e o desafio mais intenso dos portugue-

---

[15] Idem.
[16] http://ec.europa.eu; http://ftp.infoeuropa.ciejd.pt.

ses. E é por isso que, em definitivo, à luz desta escala, a fronteira europeia de Portugal é, antes de tudo, a fronteira com a Espanha.

A história da fronteira portuguesa apresenta, a traços largos, três momentos fundamentais. O primeiro é o da fronteira ibérica; o segundo (que na verdade constitui uma resposta ao primeiro) é o da fronteira imperial; e o terceiro é o da fronteira europeia.[17] Em absoluto rigor, pode assinalar-se um hiato entre estes dois últimos: o período entre a Revolução de 1974 e a adesão à Europa, em 1986, isto é, entre o fim da fronteira imperial e o início da fronteira europeia, durante o qual Portugal ficou reduzido à fronteira espanhola. Mas não será que, olhando estruturalmente para o problema, o verdadeiro hiato foi afinal o da fronteira imperial, e que, em fim de contas, a história da fronteira portuguesa é a de um país inevitavelmente à espera de Espanha, numa tendência em que, ao que parece, a adesão à Europa não implicou uma inversão mas antes uma recolocação?

Há duas maneiras de interpretar estas minhas palavras. Os mais distraídos logo tratarão de as filiar nos 27% de portugueses e nos 44% de espanhóis favoráveis a uma união ibérica e recentemente revelados pelas sondagens.[18] Mas é provável que as minhas palavras sejam tão somente a expressão de uma das realidades mais subtis da construção europeia: a da regionalização das fronteiras da Europa, ou seja, a da permanente activação local ou regional desse mecanismo ordenador das diversas escalas europeias que é uma fronteira. É que a tarefa da boa integração é, em grande medida, a tarefa da boa demarcação. E uma boa demarcação é, como sabemos, a definição de um limite produtor de sentido.

Referências bibliográficas

BALIBAR (2005): Étienne Balibar, *Europe, Constitution, Frontière*. Bègles: Editions du Passant, 2005
BECK (2006): Ulrich Beck, "Nacionalismo e Liberalismo. Duas Grandes Mentiras Sobre a Europa", in *Courrier Internacional (ed. portuguesa)*, n.º 35, 2005
BECK Y GIDENS (2005): Ulrich Beck y Anthony Giddens, "Carta abierta sobre el futuro de Europa", *El País*, 2 de octubre de 2005
CANOTILHO (2006): J.J. Gomes Canotilho, *"Brancosos" e Interconstitucionalidade. Itinerários dos Discursos sobre a Historicidade Constitucional*. Coimbra, Almedina, 2006

---

[17] Moreira, 1999.
[18] Para Portugal. http://intercampus.pt; para Espanha: http://tiempodehoy.com

CANOTILHO (2005): J.J. Gomes Canotilho, "Ter Cidadania / Ser Cidadão. Aproximação à Historicidade da Implantação Cidadã", in *Colóquio "Identidade e Cidadania"*, Coimbra, 2005

CATROGA (2006): Fernando Catroga, *Entre Deuses e Césares. Secularização, Laicidade e Religião Civil*. Coimbra, Almedina, 2006

COSTA (2005): José de Faria Costa, "A criminalidade em um mundo globalizado: ou *plaidoyer* por um direito penal não-securitário", *Revista de Legislação e de Jurisprudência*, n.° 3934, Set-Out 2005, pp.26-33

HABERMAS (1996): Jurgen Habermas, *La paix perpétuelle: le bicentenaire d'une idée kantienne*. Paris, Éditions du Cerf, 1996

MARTÍN DE LA GUARDIA Y PÉREZ SÁNCHEZ (2001): Ricardo Martín de la Guardia y Guillermo A. Pérez Sánchez (coord), *Historia de la integración europea*. Barcelona, Ariel, 2001

MARTINS (2005): Rui Cunha Martins, "Estado, Tempo e Limite", in *Revista de História das Ideias*, vol. 26, Coimbra, 2005, pp. 307-342

MOREIRA (1999): Adriano Moreira, "Fronteiras: do Império à União Europeia", in J. M. Brandão de Brito, *Do Marcelismo ao Fim do Império*. Lisboa, Editorial Notícias, 1999, pp. 269-289.

PAPADEMETRIOU (2006): Demetrios Papademetriou (ed.), *Europe and its Immigrants in the 21st Century: a new deal or a continuing dialogue of the deaf?* Washington: Migration Policy Institute; Lisbon: Luso-American Foundation, 2006

PEREIRA CASTAÑARES Y SANZ DÍAZ (2001): Juan Carlos Pereira Castañares y Carlos Sanz Díaz, "La redefinición de las fronteras europeas: la integración en la Unión Europea de los países de la Europa Central y Oriental", in *Documentación Social. Revista de Estudios Sociales y de Sociologia Aplicada*, 123, Abril-junio de 2001, pp. 33-57

PINTO E TEIXEIRA (2005): António Costa Pinto e Nuno Severiano Teixeira, *A Europa da Sul e a Construção da União Europeia, 1945-2000*. Lisboa, ICS, 2005

RIBEIRO (2004): Maria Manuela Tavares Ribeiro (coord.), *Ideias de Europa: que fronteiras?* Coimbra, Quarteto, 2004

ROYO (2005): Sebastián Royo (org), *Portugal, Espanha e a Integração Europeia. Um Balanço*. Lisboa, ICS, 2005

SILVA (2005): António Martins da Silva, *Portugal e a Europa: distanciamento e reencontro*. Viseu, Palimage, 2005

TEIXEIRA (2006): Nuno Severiano Teixeira, *Ministro da Defesa de Portugal*, "O Líbano e o interesse nacional", in *Público*, 8 de Setembro de 2006

TELO Y TORRE GÓMEZ (2000): António José Telo e Hipólito de la Torre Gómez, *Portugal e Espanha nos Sistemas Internacionais Contemporâneos*. Lisboa, Edições Cosmos, 2000

Cristina Robalo Cordeiro

**Inspirações atlânticas.
A literatura europeia face ao Oceano**

Universidade de Coimbra

Cristina Robalo Cordeiro é Professora Catedrática da Faculdade de Letras da Universidade de Coimbra e Vice-Reitora da mesma Universidade. É autora, entre outras, das seguintes publicações: "Figuras do Destino em O Último Cais de Helena Marques", in *Romance Português pós-25 de Abril,* Roma Editora, Lisboa 2005; *O Mestre Ausente* ou a *Educação sem Drama: Para uma Dialéctica do Ensino*, Colecção Conexões UNIRIO, Universidade Federal do Rio de Janeiro, Rio de Janeiro, Dezembro 2005; "O Récit de table em novelas francesas do século XIX", in *Cartographies,* ARIANE, revue d'études littéraires françaises Lisboa 2003/5.

Inspirações Atlânticas. A literatura europeia face ao Oceano

O título de uma conferência tem muitas vezes o defeito dos anúncios publicitários: promete mais do que dá! Não que o conferencista – neste caso, a conferencista – queira enganar o público: mas no momento em que concebemos o tema a desenvolver mais tarde, o optimismo ilude o nosso pensamento e sonhamos então mais do que reflectimos sobre a questão. Assim, o belíssimo programa deste colóquio *Mare Oceanus* deixava-vos esperar, para fechar o ciclo, uma palestra inspirada ou inspirante sobre a literatura europeia perante o Atlântico. Temo decepcionar-vos duplamente: a inspiração, por um lado, não é o estado de alma da burocrata (que actualmente sou) e a literatura europeia, por outro lado, reduzir-se-á aqui apenas à literatura francesa.

Posso, aliás, justificar facilmente esta restrição, pelo prazer que tive em me reencontrar com alguns dos meus velhos textos e pelo escrúpulo em convocar as literaturas espanhola, inglesa, irlandesa e portuguesa sem passar por um protocolo comparatista que legitimaria as minhas escolhas. E confesso que foi uma meditação sobre a literatura francesa que me sugeriu o plano que seguirei, e que julgo respeitar o espírito do tema que me propus tratar.

Antes de vo-lo apresentar, devo lembrar que o meu ponto de vista não é o da história, mesmo literária, e dizer que me vou servir de noções como "classicismo", "romantismo" e "realismo" independentemente da sua estrita cronologia. Além disso, elimino da minha perspectiva qualquer alusão ao *ultra-mar*, deixando de lado o colonial e o pós-colonial assim como qualquer espécie de "atlantismo". E também não falarei da poética da ilha, do farol, do porto ou do naufrágio, motivos literários que, embora marítimos, nada têm de especificamente atlântico. Encararei então o Atlântico como princípio de diferenciação, permitindo-me brincar, ou melhor, "derivar" – levada pelas correntes literárias – a partir do conceito de *diferença* (sem nada ficar a dever aliás ao pensamento de Derrida!)

A minha primeira abordagem da questão será *diferencial*: a especificidade atlântica surge de um confronto com o universo mediterrânico, matriz da literatura clássica. Num segundo tempo, debruçar-me-ei sobre o *indiferenciado* do oceano romântico, para encarar, por fim, o realismo como processo de *diferenciação* do elemento marinho.

Resta-me agora tornar convincente este dispositivo talvez demasiado subtil...

1. Antes de mais, a César o que é de César! A expressão "inspirações atlânticas" foi-me sugerida pelo título de uma conferência pronunciada por Valéry em 1933 "Inspirations Méditerranéennes" (um dos textos que deci-

diu aliás a vocação literária de David Mourão Ferreira). Valéry, nascido no porto de Sète, exalta as virtudes do clima e da paisagem onde desabrochou a cultura greco-latina, com as suas qualidades próprias que vieram a tornar-se os atributos da razão humana:

> "Vede, diz ele, como a pureza do céu, o horizonte claro e nítido, uma nobre disposição das costas podem não apenas ser condições gerais de atracção pela vida, e de desenvolvimento para a civilização, mas ainda elementos excitadores dessa sensibilidade intelectual que quase se não distingue do pensamento."[1]

Valéry evita tornar explícita a aproximação com um outro "meio" (como diria Taine), o da costa atlântica, gerador de outros valores. Mas Auguste Renan, na sua célebre "Prière sur l'Acropole", verdadeira profissão de fé racionalista, não havia hesitado, em 1876, em sublinhar a oposição entre os dois mundos. Originário da oceânica Bretanha, dirigia-se à luminosa Atenas nestes termos:

> "Nasci, ó deusa de olhos azuis [como o Mediterrâneo], de pais bárbaros, entre os Cimérios [isto é, os bretões] bons e virtuosos que habitam à beira de um mar sombrio, eriçado de rochedos, sempre batidos pelas tempestades."[2]

Mas foi Charles Maurras, poeta meridional – e mais tarde doutrinário da Acção Francesa -, quem exacerbou o contraste entre a cultura mediterrânica e as influências deletérias vindas de oeste:

> "O meu amigo Maurice Barrès – escrevia Maurras – espantou-se por eu ter trazido do Ático um ódio tão vivo pela democracia."[3]

Com efeito, se Madame de Stael havia, no início do século XIX, sublinhado o antagonismo das literaturas do Norte e do Midi, a oposição muda de orientação com Maurras, sendo agora o Mediterrâneo contra o Atlântico. Talvez seja possível ver aqui, 40 anos antes da Colaboração, o germe de uma ambiguidade trágica.

---

[1] "Inspirations Méditerranéennes", in *Variété, Oeuvres*, Vol I, Bibliothèque de la Pléiade, p. 1095.

[2] *Souvenirs d'Enfance et de Jeunesse*, Paris, Armand Colin, 1959, p. 4.

[3] Charles Maurras, *Le Voyage d'Athènes*, Paris, Plon, 1939, p. V.

Seria mais exacto, para permanecermos no domínio literário, falar de "neo-classicismo" do que de classicismo propriamente dito, quando evocamos as opções estéticas e mediterrânicas de Valéry, de Moréas (fundador do simbolismo) ou de Maurras, pois que o classicismo de um Racine ou mesmo de um Voltaire não conhece o Mediterrâneo senão através da mitologia: sabemos que, para os clássicos, Natureza significa, antes de mais, natureza humana e o que lhes interessa não é, de forma alguma, comparar os dois mares e ainda menos descrevê-los. Só mais tarde surgirá esta ideia, e é depois da descoberta da montanha por Jean-Jacques Rousseau que os escritores se darão conta da existência do Oceano e da sua poesia *sui generis*.

Pela minha parte, quis apenas demonstrar uma coisa: em França, o Atlântico não emerge do horizonte literário e ideológico senão em situação de concorrência, ou mesmo de conflito, com o imaginário clássico mediterrânico, até ao momento em que os ideais mediterrânicos se insurgirão por sua vez como reacção contra um neo-romantismo finissecular.

Hoje, é ainda outra a questão geopolítica que a bacia azul suscita e que o poema de Georges Moustaki tão bem retrata, quando evoca o cheiro do sangue e da liberdade, *en Méditerranée...*

2. Mas deixemos o Mediterrâneo e a ideologia que acompanha a sua celebração para nos instalarmos em face do Oceano dos Românticos. É Chateaubriand o primeiro em França a tornar-se o cantor do Atlântico. Bretão de Saint-Malô, cidade de corsários, quer ser enterrado na ilha do Grand-Bée, face ao infinito. Dirigindo-se a um público que não conhece o mar, procura restituir menos as sensações do que os sentimentos morais que o seu espectáculo desencadeia:

> "É difícil às pessoas que nunca navegaram terem uma ideia dos sentimentos que experimentamos quando, da borda do navio, não vemos por todo o lado senão a face austera do abismo."[4]

O abismo é uma designação corrente na literatura romântica para representar esta imagem do caos aquático. Não nos espantamos ao reencontrá-la na pena de Victor Hugo, no poema intitulado "Pleine Mer" em *La Légende des Siècles":*

---

[4] Chateaubriand, *Mémoires d'Outre-tombe*, Éditions Rencontre, Lausanne, livre 6, ch. 2, pp. 244-245.

"L'abîme, on ne sait quoi de terrible qui gronde;
Le vent; l'obscurité vaste comme le monde [...]
Un esprit qui viendrait planer là ne pourrait
Dire, entre l'eau sans fond et l'espace sans borne
Lequel est le plus sombre, et si cette horreur morne,
Faite de cécité, de stupeur et de bruit,
Vient de l'immense mer ou de l'immense nuit".[5]

Ainda Maupassant, em plena época realista, permanece fiel a este imaginário do horror tão fascinante quanto indefinível. E ei-lo, na crista do Raz, "Esse fim do mundo, a ponta da Europa":

"De repente, dominamos um abismo medonho cujas paredes, negras como se tivessem sido esfregadas com tinta, nos reenviam o ruído furioso do combate marinho que debaixo de nós se trava, bem no fundo desse buraco que se chama Inferno [...]. Era mesmo um inferno que nenhum poeta havia ainda descrito".[6]

Visitando a mesma região da Finisterra bretã, Michelet, no seu *Tableau de la France*, havia já representado em termos similares a monstruosidade oceânica e a angústia que induz no coração humano:

"Nada de tão sinistro e de tão formidável como esta costa de Brest; é o limite extremo, a ponta e a proa do antigo mundo. Aí, os dois inimigos estão face a face: a terra e o mar, o homem e a natureza [...]. E mesmo nos momentos de trégua, quando o Oceano se cala, haverá quem tenha percorrido esta costa fúnebre sem dizer a si mesmo ou sentir no íntimo de si: *Tristis usque ad mortem*!?".[7]

Só ela, a costa de Brest fez nascer mais literatura romântica do que todo o resto do litoral atlântico francês... O seu aspecto rochoso e rasgado remete para uma qualquer catástrofe irreparável da qual nada de reconhecível jamais terá sobrevivido.

---

[5] Victor Hugo, *La Légende des Siècles*, Oeuvres Choisies, Hatier, 1950, t.II, p. 477.

[6] Guy de Maupassant, *Oeuvres Complètes*, Au Soleil, Albin Michel, p. 149.

[7] Michelet, *Tableau de la France*, Ed. Hermes, Paris, 1966, p. 24.

Inspirações Atlânticas. A literatura europeia face ao Oceano

Ser vivo e indiferenciado, o mar pode contudo apresentar analogias com a alma de quem o contempla. Ao poeta romântico, fala do destino do homem como da imensidão divina. E foi Baudelaire quem melhor exprimiu esse estranho parentesco entre "L'homme et la mer", acusando a ambivalência da sua relação feita de amor e de ódio:

> "Homme libre, toujours tu chériras la mer!
> La mer est ton miroir; tu contemples ton âme
> Dans le déroulement infini de sa lame,
> Et ton esprit n'est pas un gouffre moins amer."[8]

Ainda não chamei a atenção para o facto de que em francês o mar é uma palavra não apenas feminina (la mer) mas que tem ainda por homófona a mãe (la mère), o que permite metaforizações onde se encontram associados o amor conjugal e o regresso ao seio materno. No final de *Pêcheur d'Islande*, Pierre Loti orquestra de forma brilhante todos os recursos desta fecunda polissemia, relatando o afogamento do herói, no Atlântico Norte, na sugestão de uma cena de amor. Estas linhas merecem ser citadas sem cortes:

> "Numa noite de Agosto, ao largo da sombria Islândia, no meio de um grande barulho de fúria, haviam sido celebradas as núpcias com o mar. Com o mar, que fora outrora a sua "ama de leite", que o havia embalado e o transformara no adolescente grande e forte – e o retomava agora na sua virilidade suprema, só para ela. Um profundo mistério envolvera estas núpcias monstruosas. Durante todo o tempo, agitavam-se no alto as velas obscuras, cortinas moventes e atormentadas, içadas para esconder a festa; e a noiva bradava sempre no seu mais horrível e estridente ruído para abafar os gritos. Ele, recordando Gaud, a sua mulher de carne, defendera-se, numa luta de gigante, contra esta esposa de túmulo. Até ao momento em que se abandonara, de braços abertos para a receber, com um grande grito profundo como um touro que arqueja, a boca já cheia de água; de braços abertos, estendidos e tensos para sempre."[9]

Monstro, mistério, horror, de Chateaubriand a Pierre Loti, as mesmas expressões procuram qualificar o que rejeita qualquer determinação. Só a ani-

---

[8] Charles Baudelaire, *Les Fleurs du mal*, Bibliothèque de la Pléiade, p. 18.
[9] Pierre Loti, *Pêcheur d'Islande*, Le Livre de Poche, Calmann-Lévy, p. 254.

mação antropomórfica do elemento indiferenciado permite ao escritor romântico dizer, na descontinuidade da linguagem, a continuidade morna da matéria líquida. Evoquemos uma personagem de Balzac, um solitário homem vivendo na falésia, que fez do mar uma companheira com a qual conversa:

> "Ele havia compreendido as linguagens mudas desta imensa criação. O fluxo e o refluxo eram como uma respiração melodiosa em que cada suspiro revelava um sentimento. De todos entendia o sentido íntimo [...]. Desposara o mar que se tornara finalmente a sua confidente e a sua amiga".[10]

É inútil multiplicar os exemplos. A conclusão, qualquer que seja o autor, permanece a mesma: em presença do grande enigma da natureza, o escritor nele não sabe decifrar senão a sua própria subjectividade. O mar romântico é como o fogo para Bachelard: um elemento perante o qual, e cito "a atitude objectiva não pôde nunca realizar-se, onde a sedução primeira é tão definitiva que deforma ainda os espíritos mais rectos e os conduz ao redil poético onde as *rêveries* substituem o pensamento."[11]

Mas despojado desta qualificação humana, demasiado humana, rendido ao seu estado bruto, o mar volta a ser a imagem líquida do nada: se o homem se cala, o Oceano, potência informe e absurda, nada mais tem a dizer-lhe.

3. Se o romântico contempla o mar, podemos dizer que o realista o observa. Ou melhor, este examina menos o próprio mar do que a margem, a zona habitada do Oceano, sendo os costumes das gentes da costa bem como a flora e a fauna da beira-mar objecto de estudos atentos. Enquanto a imensidão marítima apenas provoca no espírito do contemplador uma metafísica sumária, onde, como acabámos de ver, domina uma indeterminação (infinito, i-mensidão), a vida do litoral adquire mil formas aos olhos do observador. O Oceano deixa então de ser o *analogon* do Uno para se fazer imagem pagã do múltiplo e do diverso, lançando desafios constantemente renovados à habilidade descritiva dos escritores.

Chegámos então ao estádio da diferenciação absoluta onde, operando assim a transição do Uno indiferenciado e abstracto à multiplicidade sensí-

---

[10] Honoré de Balzac, *L'Enfant maudit*, *La Comédie Humaine*, Ed. France Loisirs, 1999, t.11, p. 679.

[11] Gaston Bachelard, *La Psychanalyse du Feu*, Folio Essais, Paris, p. 10.

vel, se diria que o mar se apaga por detrás das suas aparências ou que o ser oceânico se fragmenta numa multidão de fenómenos irredutíveis. Não podendo enumerá-los a todos, procederei por ordem decrescente, indo do maior ao mais pequeno.

A mais grandiosa destas curiosidades situa-se na baía d'Avranche, entre a Bretanha e a Normandia: é aí, no Mont Saint-Michel, que as marés conhecem as maiores amplitudes da costa atlântica. Maupassant, como muitos outros, nota esta sensacional recessão e progressão do mar sob a atracção da lua. E temos que reconhecer que, quem não viu refluir o oceano "à velocidade de um cavalo a galope", não viu ainda todas as maravilhas da natureza. Por falta de tempo, apenas vos remeto para a célebre página da novela *Le Horla* que descreve, em termos expressivos, este bizarro efeito da atracção lunar. Prefiro demorar-me mais em uma das visões marinhas que Proust nos deixou em *À l'Ombre des jeunes filles en fleurs*, onde o narrador em vilegiatura na estação balnear de Balbec, observa, da janela do quarto do hotel, o jogo das ondas ao sol e se espanta com o desaparecimento do mar. Notaremos neste extracto o hiper-realismo proustiano aliar-se ao seu estetismo para capturar pela escrita o que o mar oferece ao olhar do pintor:

> "... Je retournais près de la fenêtre jeter un coup d'oeil sur ce vaste cirque éblouissant et montagneux et sur les sommets neigeux de ses vagues en pierres d'émeraude çà et là polie et translucide, lesquelles avec une placide violence et un froncement léonin laissaient s'accomplir et dévaler l'écroulement de leurs pentes auxquelles le soleil ajoutait un sourire sans visage. Fenêtre à laquelle je devais ensuite me mettre chaque matin comme au carreau d'une diligence dans laquelle on a dormi, pour voir si pendant la nuit s'est rapprochée ou éloignée une chaîne désirée – ici les collines de la mer qui, avant de revenir vers nous en dansant, peuvent reculer de si loin que souvent ce n'était qu'après une longue plaine sablonneuse que j'apercevais, à une grande distance, leurs premières ondulations, dans un lointain transparent, vaporeux et bleuâtre comme ces glaciers qu'on voit au fond des tableaux des primitifs toscans."[12]

Não há com certeza nada mais difícil, na arte da descrição literária, do que a restituição precisa do espectáculo proposto pelo movimento das ondas

---

[12] Proust, *À l'Ombre des jeunes filles en fleurs*, Bibliothèque de la Pléiade, t.I, 1954, pp. 672-673.

que vêm quebrar-se na praia. Em paralelo com a tentativa de Marcel Proust, coloco a de Paul Valéry que se vira agora para o Atlântico, compondo, à sua maneira, uma espécie de poema em prosa que procura restituir com precisão todas as sensações – visuais, tácteis, auditivas, cinestésicas do homem que caminha à beira mar:

> "*Sables*.
> De la mer Océane.
> Mer-Océan.
> La grande forme qui vient d'Amérique avec son beau creux et sa sereine rondeur trouve enfin le socle, l'escarpe, la barre.
> Le molécule brise sa chaîne. Les cavaliers blancs sautent par delà eux-mêmes.
> L'écume ici forme des bancs très durables, qui figurent un petit mur de bulles, irisé, sale, crevard, le long du plus haut flot.
> Le vent chasse des chats et des moutons nés de cette matière, les souffle et les fait courir le plus drôlement du monde vers les dunes, comme effrayés par la mer. Cette écume est autre chose que de l'eau battue. Emulsion sale de silice et de sel.
> Quant à l'écume fraîche et vierge, elle est douceur étrange aux pieds. C'est un lait tout gazeux, aéré, tiède, qui vient à vous avec une violence voluptueuse, inonde les pieds, les chevilles, les fait boire, les lave et redescend sur eux, avec une voix qui abandonne le rivage et se retire, tandis que ma statue s'enfonce un peu dans le sable et que l'âme qui écoute cette immense et fine musique infiniment petite s'apaise et la suit."[13]

Se a noção de "progresso" tem um sentido no domínio artístico, podemos medir através destes dois exemplos o ganho obtido em precisão desde o Romantismo. É que o mar, de monstro inominável que era, se tornou um tema estético que apela ao virtuosismo do pintor, sirva-se ele de um pincel ou de uma caneta. É agora da *matéria* de que o mar é feito que se trata e do seu encontro com o corpo: uma fenomenologia do mar invade os textos ocupando o lugar deixado vazio pela mitologia.

Para terminar este percurso através de textos oceânicos, dirijo-me a Francis Ponge, o mais fenomenológico dos escritores franceses. Em *Le parti*

---

[13] Paul Valéry, "Mers", *Tel Quel*, Oeuvres II, Bib.de la Pléiade, 1960, p. 665.

pris des choses, diverte-se a mostrar-nos, com olhos novos, o microcosmo da ostra que na sua concha contém, em miniatura, todo o oceano:

> "A ostra, da grossura de um seixo médio, tem uma aparência mais rugosa, uma cor menos uniforme, brilhantemente esbranquiçada. É um mundo teimosamente fechado. Que no entanto podemos abrir: temos então que pegar nela segurando-a com um pano, servindo-nos de uma faca embotada e pequena, e fazendo várias tentativas [...]. No seu interior, encontramos todo um mundo, para beber e para comer: sob um *firmamento* (propriamente dito) de madrepérola, os céus de cima se abatem sobre os céus de baixo, para não serem mais do que um pântano, uma saqueta viscosa e esverdeada, que flúi e reflui ao odor e à vista, bordeada por uma renda enegrecida no seu rebordo."[14]

Esta concha habitada pelo seu molusco é como um modelo de matéria diferenciada, recapitulando, debaixo de uma rude casca, toda a criação em miniatura, como no *Génesis*, com a separação das águas inferiores e das águas superiores (cf. *Deus fez o firmamento, que separou as águas que estão sob o firmamento das águas que estão acima*) e a respiração primeira da vida animal. Assim, para nos encontrarmos na orla do Oceano, basta abrir uma ostra!

Parece-me necessário, em conclusão, resumir o meu itinerário marítimo talvez balizado por um excesso de textos.

Posso fazê-lo com apenas três palavras: ideias, sentimentos, sensações.

Mostrei, primeiro, que o aparecimento do Atlântico na literatura francesa só adquire o seu sentido pleno por oposição à supremacia cultural do Mediterrâneo e que o regresso ao Mediterrâneo, no final do século XIX, se reclama de uma filosofia anti-romântica: poderia ter-me contentado em desenvolver este estudo comparativo das diferenças entre os dois. E é provável que os historiadores das ideias não tivessem ficado descontentes se eu tivesse aduzido mais provas da significatividade deste conflito ideológico. Mas esta abordagem diferencial era apenas uma linha de partida a ultrapassar o mais rapidamente possível para chegar ao Oceano em sim mesmo.

A alma romântica, Victor Hugo, Charles Baudelaire, e cada um de nós quando sonhamos em frente do abismo das águas moventes, a alma romântica – dizia – projecta liricamente sobre esta face "vazia e vaga" toda a pro-

---

[14] Francis Ponge, *Le parti pris des Choses*, Paris, Poésie Gallimard, p. 43.

fundidade e o tumulto dos seus afectos. Bachelard dedicou páginas muito esclarecedoras às *rêveries* do repouso e da vontade nascidas da contemplação oceânica. Pela minha parte, quis sobretudo indicar que o aspecto indeterminado do mar romântico tinha como correlato o "vague des passions" para retomar a expressão famosa de Chateaubriand.

A etapa seguinte fez triunfar a diferenciação sensorial: a escrita moderna do mar enche-se de matizes e de sinestesias.

Quanto a sabermos se existe um oceano pós-moderno, é uma questão que reservo para uma outra conferência ou para outro conferencista!

Resumos

A Solidariedade Atlântica
ADRIANO MOREIRA

Desde a independência dos EUA, o risco de os ocidentais serem divididos em dois pólos foi-se afirmando com autores de referência: Tocqueville surpreendeu a especificidade da sociedade civil em formação na América, Adam Smith tinha apreendido a imagem da Europa como se fosse um só país projectando um poder colonial. O inimigo comum determinou a solidariedade atlântica, primeiro na guerra de 1914-1918, depois no desastre mundial da guerra de 1939-1945, finalmente frente à ameaça mundializada do sovietismo. O fim da guerra fria, com a queda do muro em 1989, fazendo desaparecer o inimigo comum também fez regressar a tendência soberanista e unilateralista dos EUA. Os desastres do unilateralismo americano tornaram evidente a urgência de uma reinvenção da governança mundial de que o *Millenium Summit* da ONU é a tentativa mais estruturada. Num panorama de *grandes espaços* e de *poderes emergentes*, os ocidentais precisam de assumir que o atlantismo é o núcleo duro de uma concepção do mundo e da vida pronto para o diálogo, mas determinado a salvaguardar os seus valores.

Palavras-chave: Atlantismo; Europeísmo; Americanismo; Ocidentais; Unilateralismo; Governança Mundial.

Los países de la Europa central, suroriental, báltica y balcánica. El nuevo vínculo euroatlántico en el paso de un siglo a otro
GUILLERMO Á. PÉREZ SÁNCHEZ

Una vez pasado el momento de la desintegración de la Unión Soviética y el final de la Guerra Fría, los Estados Unidos y sus aliados europeos occidentales tuvieron que afrontar los nuevos retos surgidos en el Viejo Continente. Era preciso, en primer lugar, redefinir las relaciones atlánticas entre los Estados Unidos y nueva Europa Comunitaria ampliada al Este. El hecho de mantener los vínculos atlánticos euronorteamericanos como garantía de estabilidad fue aplaudido desde un primer momento por los países procedentes de la dominación soviética. Según las nuevas democracias de la Europa Central, Suroriental y Báltica, la seguridad de sus fronteras orientales sólo era posible en el marco de una OTAN ampliada, primera parte de su gran objetivo una vez recuperada la libertad nacional en 1989; y precisamente por su firme compromiso atlántico confiaban también en su pronta integración en las Comunidades Europeas, segunda parte de ese mismo objetivo.

La Europa comunitaria, apoyada de forma explícita por los Estados Unidos, asumió decididamente sus responsabilidades para con los países de la antigua

Europa del Este, quienes a principios de los años noventa comenzaron a sellaron sus vínculos con las Comunidades Europeas y el 4 de mayo de 2004 se integraron en la Unión Europea (salvo Bulgaria y Rumania que se integrarían en 2007). Por su parte, Estados Unidos tampoco rehuyó sus compromisos con estos países y promovió los contactos en materia militar y de seguridad durante la década de los noventa. Como primer paso, se incorporaron al Consejo de Cooperación Noratlántico a partir de 1995, demostración palmaria de la capacidad de adaptación de la OTAN a la nueva realidad euroatlántica. Poco tiempo después, en 1999, se produjo la primera ampliación de la OTAN al Este con la incorporación de Polonia, Hungría y la República Checa; y la segunda tuvo lugar en 2004 con la integración de Eslovaquia, Eslovenia, Rumania, Bulgaria, Letonia, Estonia y Lituania. Este proceso fue calificado en Estados Unidos como de «victoria para Europa», de un hecho «histórico» para todos estos países y de transcendental importancia para la seguridad de ellos mismos, de Estados Unidos y del mundo.

Palavras-chave: Europa Central, Suroriental Báltica e Balcánica; Transiciones; Relaciones Euroatlánticas; Unión Europea; Organización del Tratado del Atlántico Norte (OTAN).

Europa, Estados Unidos y la nueva Agenda Transatlántica ante los retos internacionales de la década de los noventa
RICARDO MARTÍN DE LA GUARDIA

Los contactos entre altos funcionarios y políticos de la Unión Europea y de los Estados Unidos pusieron sobre la mesa el interés mutuo por ampliar la colaboración entre ambas orillas del Atlántico, uno de cuyos hitos fue el discurso del Secretario de Estado norteamericano Christopher el 2 de junio de 1995 en Madrid, donde avaló expresamente la formulación de una Nueva Agenda Transatlántica para el nuevo siglo. En efecto, tanto la Declaración Transatlántica como el Plan de Acción Conjunta de diciembre de 1995 correspondieron a los deseos de ambas partes de dar un impulso vivificador a sus relaciones.

La Nueva Agenda Transatlántica no era un acuerdo vinculante: los socios atlantistas optaron por un marco de relación más amplio; así, en principio, se evitaba crear grandes expectativas que de no ser cumplidas de inmediato pudieran dañar seriamente la viabilidad del proyecto. Por su parte, el Plan de Acción Conjunta esgrimía tres grandes retos: en primer lugar, la defensa a ultranza de la democracia, el Estado de derecho, la estabilidad y la seguridad en el mundo; un segundo capítulo incluía la lucha contra el tráfico de drogas, la emigración ilegal, el terrorismo. Por último, el Plan pretendía convertir el ámbito atlántico en un puente privilegiado para mejorar las relaciones con otras áreas geográficas. La coordinación entre las administraciones de la Unión Europea y de Norteamérica para hacer realidad la Nueva Agenda Transatlántica (NAT) ha sido una de las piezas clave de sus relaciones.

Palavras-chave: Unión Europea; Estados Unidos; Relaciones Euroatlánticas; Plan de acción conjunta; Agenda Transatlántica.

A revolução atlântica: fronteira ou traço de união?
ESTEVÃO DE REZENDE MARTINS

A reflexão sobre o espaço atlântico articula duas vertentes da questão no período moderno e contemporâneo. Uma vertente trata dos processos de interação em rede, mediante os quais os espaços são conformados, econômica, social e politicamente. A outra vertente estabelece correlações entre os espaços constituídos em economias-mundo ou impérios-mundo e a universalização de seus modelos ou paradigmas, como diferentes fases da globalização.

A conformação dos espaços por processos materiais e imateriais representa, no caso do Atlântico, um fator de transformação social e institucional a tal ponto profundo que se pode falar de uma revolução atlântica. Dois momentos dessa revolução são importantes: o inicial, quando o Atlântico foi domesticado pela navegação no século 15, e o subseqüente, quando por ele transitaram as idéias que levaram à alforria das Américas, ao final do século 18.

Tal conformação pode levar a cesuras, sínteses, fronteiras e aproximações. A interação homem-espaço começa pela preliminar do contacto físico e evolui para a transformação ambiental e cultural. Ao longo do período de 1750, quando os impérios haviam transformado os oceanos em vias internas de comunicação, até os dias de hoje, constituíram-se redes de interação política, econômica, social e cultural que instituíram mundos "globais". A conexão categorial espaço – local – global põe um desafio interessante à investigação histórica. O domínio do Atlântico foi um passo decisivo para a criação de mundos globalizados. Tenta-se assim oferecer uma proposta de análise da conformação de fronteiras ou de traços-de-união nos espaços globais.

Palavras-chave: História das Relações Internacionais; Globalização; Atlântico; História Colonial; Teoria da História.

Fronteira e função: o caso europeu
RUI CUNHA MARTINS

O texto debate o problema da integração europeia a partir da questão da fronteira. Esta é estimada não apenas na sua acepção histórica mas, sobretudo, na sua valência de mecanismo ordenador da construção europeia: um mecanismo dotado de determinadas funções e, nessa medida, produtor das várias escalas europeias. Nesta perspectiva, desenvolvem-se quatro níveis problemáticos: o da definição de fronteiras; o da mobilidade de fronteiras; o da articulação de fronteiras; e o da regionalização de fronteiras. O primeiro discute a questão das lógicas subjacentes ao estabelecimento de *limites* à capacidade de absorção da Europa. O segundo chama a atenção para a inevitabilidade de incorporar, naquele problema, o elemento da *circulação*. O terceiro aborda o importante fenómeno do cruzamento de*escalas*. O quarto, por fim, equaciona, com base no quadro ibérico, a actual tendência para uma percepção local dos mecanismos fronteiriços e para uma recomposição da construção europeia ancorada em níveis de sentido marcadamente *regionais*.

Palavras-chave: Fronteira; Integração Europeia; Alargamento Europeu; Regionalização Europeia; Construção Europeia

Inspirações Atlânticas. A literatura europeia face ao Oceano
CRISTINA ROBALO CORDEIRO

Limitando o campo da minha rápida investigação à literatura francesa, considerada aqui como porta-voz da Europa Atlântica, e utilizando noções tradicionais – como romantismo ou realismo – sem no entanto me sentir presa à cronologia destes movimentos, começo por encarar o Atlântico segundo uma abordagem **diferencial** na medida em que, para os Clássicos, penetrados de helenismo, o mar era, antes de mais, o dos heróis gregos e romanos, o "mare nostrum" unindo fisicamente a França às raízes míticas da Civilização Ocidental. Esta pertença mediterrânica será, por razões ideológicas, apaixonadamente reivindicada por um Maurras que, por volta de 1900, redescobre a Grécia antiga, de que os românticos se haviam afastado, sujeitos que estavam ao "vent d'Ouest" celebrado por Shelley. O Atlântico emerge assim, no decurso do século XIX, do horizonte literário por oposição ao mar civilizador – e civilizado – do Sul e do Oriente. Mas este Atlântico "romântico" triunfante, que exalta a sua diferença, é, na realidade, um elemento **indiferenciado**, imagem do "vague des passions" de que padece o jovem Chateaubriand. Michelet, Hugo, o próprio Balzac e ainda Baudelaire, Maupassant, Loti continuam fascinados por essa massa móvel onde apercebem o outro do homem e, ao mesmo tempo, o *analogon* da sua alma atormentada. Será preciso esperar pelo fim do século, e talvez mesmo pela lição dos pintores, para que mude o olhar sobre o mar. Com Proust, Valéry, Ponge, entre muitos outros, o mar torna-se uma matéria, um objecto de descrição física e precisa, desafio sempre renovado à arte literária. É agora a **diferenciação**, ou, por outras palavras, a análise, a decomposição da pincelada que importa. Ideia para os (neo-)clássicos, sentimento para os românticos, o oceano tornou-se agora finalmente uma sensação.

Palavras-chave: Oceano; Literatura; Ideia; Sentimento; Sensação.

Abstracts

Atlantic Solidarity
ADRIANO MOREIRA

Following American Independence, the risk of the west becoming divided into two poles was affirmed by leading writers: Tocqueville was struck by the specific nature of the civil society being created in America, whilst Adam Smith seized upon the image of Europe acting as a single country, projected as a colonial power. It was the common enemy which defined Atlantic solidarity, firstly during the 1914-1918 war, then during the worldwide disaster of the 1939-1945 war and finally in the face of the global threat of the Soviet Union. The fall of the Berlin Wall in 1989, marking the end of the Cold War and the disappearance of the common enemy, also saw a return to sovereign and unilateralist tendencies in the USA. The disasters of American unilateralism have highlighted the urgent need for a reinvention of world governance, the most structured attempt at which was the UN *Millenium Summit*. Within a scenario of *large spaces* and *emerging powers*, the West must accept that Atlanticism is the hard core of a concept of a world and a way of life that is open to dialogue, yet determined to preserve its own values.

Keywords: Atlanticism; Europeanism; Americanism; The West; Unilateralism; World Governance.

The countries of Central, South-eastern, Baltic and Balcanic Europe. The new Euro-Atlantic ties at the beginning of the century
GUILLERMO Á. PÉREZ SÁNCHEZ

Following the break-up of the Soviet Union and the end of the Cold War, the United States and its Western European allies had to confront new challenges emerging in the Old Continent. First, it was necessary to redefine Atlantic relations between the United States and the new European Community, which had expanded eastwards. The preservation of European and North American Atlantic ties as a guarantee of stability was applauded from the outset by the countries emerging from Soviet domination. According to the new democracies in Central, South-eastern and Baltic Europe, the security of the eastern borders could only be maintained through an enlarged NATO, the first phase of their main objective after recovering national liberty in 1989. Their rapid integration into the European Community, the second phase of this objective depended precisely on this firm commitment to the Atlantic.

The European Community, explicitly supported by the United States, assumed firm responsibility for the countries of the former Eastern Europe which, from beginning of the 1990s, began to forge links with the European Community and on

4 May 2004 joined the European Union (except for Bulgaria and Rumania, which joined in 2007). The United States, in turn, did not shun its commitments to these countries and fostered contacts on military and security matters throughout the 1990s. As a first step, they joined the North Atlantic Cooperation Council in 1995, a clear demonstration of NATO's ability to adapt to the new Euro-Atlantic situation. Shortly afterwards, in 1999, the first phase of NATO's eastern expansion took place, with the incorporation of Poland, Hungary and the Czech Republic, followed in 2004 by Slovakia, Slovenia, Rumania, Bulgaria, Latvia, Estonia and Lithuania. This process was hailed in the United States as a «victory for Europe» and a «historic» event for all the countries involved, which was of the utmost importance to their security and that of the United States and the rest of the world.

Keywords: Central, South eastern and Baltic Europe; Transitions; Euro-Atlantic Relations; European Union; North Atlantic Treaty Organisation (NATO).

Europe, the United States and the new transatlantic agenda before the international challenges of the 1990s
RICARDO MARTÍN DE LA GUARDIA

At meetings between senior officials and politicians from the European Union and the United States, the mutual interest in expanding collaboration on both sides of the Atlantic was discussed. One key event in this process was the speech given by the North American Secretary of State on 2 June 1995 in Madrid, in which he expressly pledged to draw up a New Transatlantic Agenda for the new century. In effect, both the Transatlantic Declaration and the December 1995 Joint Plan of Action reflected the desire of both parties to revive and boost relations between them.
The New Transatlantic Agenda was not a binding agreement: the Atlanticists opted for defining a broader relationship thus, in principle, avoiding creating greater expectations than could be immediately realised, which might seriously damage the viability of the project. The Joint Plan of Action, for its part, covered three main areas. Firstly, it dealt with the firm defence of democracy, the rule of law and world stability and security. A second section included the fight against drugs trafficking, illegal immigration and terrorism. Finally, the Plan aimed to convert the Atlantic zone into a favoured area for improving relations with other geographical areas. The coordination needed between the European Union and North American administrations in order to produce the New Transatlantic Agenda (NAT) was considered a cornerstone in relations between the two parties.

Keywords: European Union; United States, Euro-Atlantic relations; Joint Plan of Action; Transatlantic Agenda.

The Atlantic revolution: border or connection?
ESTEVÃO DE REZENDE MARTINS

There have been two approaches to the issue of the Atlantic space in the modern, contemporary era. One involves the networking procedures through which areas are economically, socially and politically shaped. The other approach establishes correlations between the spaces constituted world economies or world empires and the universalisation of their models or paradigms, as different phases in globalisation.

In the case of the Atlantic, the shaping of spaces both by material and non-material processes constitutes such a profound factor in social and institutional change that it may be referred to as an Atlantic revolution. There are two significant moments in this revolution: the initial moment, when the Atlantic was domesticated by 15th century navigation and the subsequent phase when ideas flowed across it, leading to the enfranchisement of the Americas at the end of the 18th. century.

Such a configuration may give rise to rupture, unity, limitation and proximity. Interaction between man and space begins with the preliminaries of physical contact and develops into environmental and cultural change. Throughout the period starting in 1750, by which time empires had transformed oceans into domestic communications systems, until the present day, networks for political, economic, social and cultural interaction have been established which have created "global" worlds. The local–global space nexus poses an interesting challenge to historical research. Control over the Atlantic represented a decisive step in creating globalised worlds. This paper therefore proposes an analysis of the shaping of borders or connections within global areas.

Keywords: History of International Relations; globalisation; Atlantic; Colonial History; Theory of History.

Border and function: the European situation
RUI CUNHA MARTINS

This text discusses the problem of European integration through the issue of borders, considered not only in their historical sense but, above all, as regulatory mechanisms in the construction of Europe, endowed with specific functions and therefore producing various different gradations within Europe. From this perspective, discussion is developed on four levels: the definition of borders, the mobility of borders, the connections between borders and the regionalisation of borders. The first discusses the logic underlying the idea of establishing *limits* to Europe's capacity for absorption. The second draws attention to the inevitability of incorporating, within this issue, the *circulation* factor. The third approaches the important phenomenon of the connections between *gradations*. Finally, within the Iberian context, the fourth considers the current trend towards local perceptions of border mechanisms and the recomposition of the construction of Europe anchored in markedly *regional* levels of meaning.

Keywords: Border; European integration; European expansion; European regionalisation; European construction.

Atlantic inspiration: European literature looking oceanwards
CRISTINA ROBALO CORDEIRO

Limiting the field of my rapid research to French literature, considered here as the voice of Atlantic Europe, and employing traditional notions – such as romanticism or realism – without, however, feeling confined to their chronology, I begin by considering the Atlantic in terms of a **differentiated** approach, to the extent to which, for the Classicists, influenced by Hellenism, the sea belonged above all, to the Greek and Roman heroes and was the "*mare nostrum*" physically linking France to the mythical roots of Western civilisation. For ideological reasons, this Mediterranean heritage would be passionately reclaimed by Maurras who, in around 1900, rediscovered Ancient Greece, disregarded by the Romantics swept up in the "West wind" celebrated by Shelley. The Atlantic thus emerged on the literary horizon during the course of the 19th. century in opposition to the civilising - and civilised - sea of the South and the East. Yet this triumphant "romantic" Atlantic which exalted in its difference was, in fact, an **undifferentiated** element, an image of the "*vague des passions*" suffered by the young Chateaubriand. Michelet, Hugo, Balzac himself and even Baudelaire, Maupassant and Loti remained fascinated by this shifting mass in which the Other could be glimpsed and, at the same time, the *analogon* of his tormented soul. It would be necessary to wait until the end of the century and maybe even the lesson taught by painters, for this view of the sea to change. With Proust, Valéry and Ponge, amongst others, the sea became matter, an object to be described physically and precisely, and a constant challenge to the art of literature. Now it was **differentiation** or, in other words, analysis, the individual brush strokes, that mattered. Having represented an idea for the (Neo) Classicists and a feeling for the Romantics, the ocean finally became a perception.

Keywords: Ocean; literature; idea; feeling; perception.